ENTRÉES ROYALES

A SAINTES

PAR LOUIS AUDIAT

PARIS

LIBRAIRIE HISTORIQUE DE J.-B. DUMOULIN, LIBRAIRE DE LA SOCIÉTÉ
DES ANTIQUAIRES DE FRANCE
13, QUAI DES AUGUSTINS, 13

1875

L'ENTRÉE DES ROIS

A SAINTES

Dans l'existence calme et monotone des petites villes, il y a des jours solennels, pleins de tumulte et de liesse. C'est quand un événement extraordinaire met en émoi les habitants, paisibles bourgeois, modestes marchands, occupés le reste du temps à leur négoce et à leurs affaires. La cité, ce jour-là, présente un spectacle curieux. Après avoir étudié la bonne ville dans ses habitudes quotidiennes, on peut l'examiner dans une matinée exceptionnelle. C'est toujours le même peuple, mais avec quelle différence ! La joie est diverse chez les populations; ici elle est expansive; là, plus contenue. Elle pourra se traduire par une chaude poignée de main, ou bien par de grandes démonstrations. L'observateur peut donc trouver des remarques à faire. Et puis, il y a les circonstances, les accessoires, l'imprévu.

S'il s'agit d'une fête, on est bien aise de savoir comment on la prépare. Chez les uns tout est spontané; ailleurs le détail en est exactement et minutieusement réglé. L'un s'amuse; l'autre se laisse amuser. Celui-ci improvise son allégresse; celui-là attend qu'on la lui envoie. Il y a des tarifs pour nos solennités comme pour nos pompes funèbres. Selon le prix on a le contentement, l'enthousiasme, l'ivresse, le délire. Les entrepreneurs savent la valeur d'un lampion, d'un mât, d'une oriflamme. Il m'a paru intéressant de rechercher comment on s'amusait extraordinairement dans l'antique cité de Saintes. Et pour cela j'ai pris les entrées des rois et des princes. J'ai montré ailleurs le cérémonial de l'intronisation de l'évêque et raconté l'installation du maire. La royauté devait avoir son tour puisque le tiers et le clergé avaient eu le leur. Le récit tiendra ici une large place. Le narrateur contemporain, en effet, traduit ses sentiments qui sont un peu ceux de la foule. Un témoignage de l'époque vaut mieux qu'une appréciation moderne. On a l'impression du moment, toute fraîche, toute naïve. Cependant je me permettrai de tirer quelques conclusions. Le programme de ces cérémonies devait souvent être le même dans les différentes cités. On aura du moins là un point de comparaison[1].

Bien des princes ont passé à Saintes. Saintes était sur la route de Bordeaux; et au lieu de traverser Poitiers et Angoulême, on prenait par Niort et Saint-Jean-d'Angély. Longtemps les voies romaines ont servi aux Mérovingiens et aux Carlovingiens. Avant d'avoir tracé nos routes nationales, on se servait des chaussées construites par les Romains. Or, de Mediolanum Santonum partaient des voies qui se dirigeaient vers Lyon par Périgueux, vers Limoges par Chassenon, vers Poitiers par Aulnay, vers Bordeaux par Blaye. Mais rien ne signale l'entrée des rois de France avant le XVIe siècle. Nous savons par les chroniqueurs que tel souverain s'arrêta dans la capitale de la Saintonge. Et c'est tout. Ils n'ont conservé du fait aucuns détails. L'histoire n'a que faire dans ces minces incidents. Et pourtant ils sont la vie du peuple lui-même; ils l'expliquent et le font comprendre.

I.

Il faut d'abord mentionner rapidement certains faits. Ainsi Clovis, après la bataille de Vouillé (507), passa à Saintes. Pépin le Bref, en 768, après la défaite de Waïfre, duc d'Aquitaine, y vint rejoindre la reine Bertrade. On l'accueillit en grande pompe, *cum magno triumpho*, dit Frédégaire[2]. La joie des habitants ne l'em-

[1] Ce Mémoire, lu à la réunion des Sociétés savantes à la Sorbonne, en 1869, m'est doublement précieux. D'abord il est le seul de mes travaux que j'aie retrouvé dans les débris de l'incendie du 11 novembre 1871, qui a dévoré la bibliothèque et la mairie de Saintes. Rongé tout autour par les flammes qui ont presque partout respecté le texte, il est tel que je l'avais écrit. Puis il contient quelques délibérations du corps de ville de Saintes dont les originaux ont tous péri. J'espère donc qu'il offrira quelque intérêt.

[2] DCCLXVIII. Domnus rex iter faciens in Aquitania cepit Remstagnum. Ad Sanc-

pêcha pas d'y tomber malade de la fièvre. Charlemagne y séjourna. Il alla prier sur le tombeau de saint Saloine, martyr du IIIe siècle, dont il aimait à se faire lire les actes. On dit même, sans aucune preuve, qu'il y bâtit une église à saint Pierre. Saint-Pierre, en effet, existait déjà. Et les *Guides* modernes ne manquent jamais d'indiquer que la cathédrale actuelle, terminée vers 1505, porte la lettre Y, Charlemagne ayant donné une lettre de l'alphabet à chacune des vingt-quatre basiliques qu'il éleva. Sous Louis le Débonnaire, Pépin, second fils de ce prince, qui avait l'Aquitaine en partage, fit séjour en Saintonge, habitant alternativement pendant quelques mois les nombreux châteaux qu'il avait dans la province.

Urbain II, en 1071, était à Saintes pour la fête de Pâques. Il y consacra l'autel de l'église de Saint-Eutrope, pendant que l'évêque Ramnulfe de Foucauld y consacrait celui de la crypte.

La présence du roi Louis VII à Saintes, en 1145, est attestée par la charte 87 du cartulaire de Saintes (page 79) qu'il signe. Il y est venu pour régler ses affaires et y terminer un différend entre l'église de Sainte-Marie et Pierre de Nieul. Il condamne Pierre de Nieul. Après les grands officiers, la pièce cite parmi les *Poitevins,* « Adfuerunt autem et de Pictavensibus, » Bernard, évêque de Saintes; Geoffroy, un de ses archidiacres; Michel, chantre de Saintes; Geoffroy de Rancon, sire de Taillebourg; Guillaume de Mauzé, sénéchal de Poitou; Mainguet, prévôt de Saintes; Hélie Vigier.

Louis IX, après la bataille de Taillebourg, qui eut lieu le 21 juillet 1242, et celle de Saintes, 22 juillet, entra dans cette ville,

tones civitatem usque venit, et ibi captam matrem Waiferi et sororem, et neptes ejus, usque Garonam perrexit in loco qui dicitur Montis, et sanus reversus est. Celebravit Pascha in castro qui dicitur Sels. Iterum adsumens cum domna Bertana regina ad Sanctones pervenit; ibique eam dimisit et filiam suam, et partibus Petrocorico perrexit; et interrempto Waiferio ad Sanctones reversus est, ibique ægrotare cœpit; ad S. Dionysium venit, ibique diem obiens finivit. *Recueil des Historiens,* t. V, pag. 18.

Dum hæc agerentur, ut asserunt, consilio Regis factum, Waifarius Princeps Aquitaniæ a suis interfectus est. Præfatus rex Pippinus, jam tota Aquitania acquisita, omnes ad eum venientes ditionis suæ, sicut antiquitus fuerant, se faciunt, cum magno triumpho et victoria Santonis, ubi Bertrada Regina residebat, venit.

CXXXVI. Dum Santonis præfatus Rex venisset, et causas pro salute patriæ et utilitate Francorum tractaret, a quadam febre vexatus ægrotare cœpit, comites suos ac judices ibidem constituit. — Fredegariani chronici continuati pars IV. *Recueil des Historiens,* tom. V, p. 8.

le 29, Guillaume Guiart, dans *la Branche des royaus lingnages*, dit simplement :

Cil de Saintes, qui à pais tendent,
L'endemain au saint roi se rendent,
Sans li vaer (interdire) portes ne ponz [1].

Guillaume de Nangis est un peu plus explicite : « Lors quant vint le lendemain matin, li citoyen de Saintes vindrent au roy Loys et li rendirent les clés du chatel et de la cité. Li roys fist maintenant mestre garnison de sa gent [2]. »

[1] *Recueil des Historiens des Gaules et de la France*, tom. XXII, pag. 185. Le chroniqueur ajoute :

Lors vint faire Renaut de Ponz,
Douteus de recevoir dommage,
Au conte de Poitiers hommage;
. . . .
Cil qui el tens de cest ouvraingne
Tindrent Mirabel et Mortaingne,
Revont tantost homage faire
Au roi, qui tant est débonnaire,
Et touz les autres (qui qu'en gronde)
Jusqu'à la rive de Gironde,
Uns par amour, autres par crainte.
Sainz Loïs part après de Saintes....

[2] Lendemain le jour de la feste a la Magdalene, li roys Loys et son ost passerent la riviere de Charente par le pont; lors commanda tantost li roys que ses fourriés courussent vers la cité de Saintes... Tantost li cuens de la Marche et si troys fils se armerent, et avec eulz plenté de chevaliers englés et gascoins, et alerent encontre les fourriés le roy de France et lor coururent sus : més ce fu a leur male aventure... et lors a cel prumier assaut fut ocis li chatelains de Saintes, qui portoit lensengne au conte de la Marche.... La ot merveilleuse bataille et fort, et grant occison de gent et dura moult longuement la bataille aspre et dure; més au darrain ne porent li Englès soufrir les assaus des François; ainçois commencierent a fuir. Quant ce vit li roys d'Engleterre, si fu esbahis, et s'en tourna au plus tot qu'il pot vers la cité de Saintes. Li François qui desrouter les virent, les enchaucierent hastivement et tost, et en occirent grant plenté et en retiendrent. Iluec furent pris XXII. chevaliers et IIII. haus clercs et nobles, avec IVI[xx] serjans. Après ce, li roys Loys recueilli ses gens qui trop asprennent enchaussaient la gent au roy dEngleterre et fit ces prisonniers mener par divers lieus en son royaume. La nuit dou jour de cette bataille, avint que li roys dEngleterre et le cuens de la Marche senfuirent a tout le remenant de lor gent... Li citoyen de Saintes viendrent au roy Loys et li rendirent les clés du chastel et de la cité; li roys fist maintenant mestre garnison de sa gent... En ceste manière conquist li roys de France Loys grant partie de la terre au conte de la Marche; més il perdit moult de bons chevaliers et de nobles serjans, qui moururent pour le grant chaut qu'il faisit, et pour lair qui estoit corrompus et enfers. Le mardi après la feste Saint Jaque, Renaus, sire de Pons, qui avoit esté en layde au conte de la Marche, fu

Le Nain de Tillemont dit en outre que « ceux de Saintes, abandonnez ou délivrez de Henri, se rendiront dès le matin à saint Louis et le receurent avec respect[1]. » Matthieu Paris[2] ajoute que « le roi, étant venu à Saintes, fut reçu avec respect par les citoyens et le clergé, et il rangea sans aucune difficulté sous sa domination cette très-noble cité. »

Ce doit être ainsi. Une population accueille toujours avec allégresse un vainqueur. Les romanciers en savent plus. Saint Louis logea au palais épiscopal ; et la reine Blanche, avec ses belles-filles, choisit pour demeure l'abbaye de Sainte-Marie. Ils racontent même un repas champêtre aux Arènes[3]. A leur suite les historiens vous apprennent comment « précédé d'un nombreux clergé, environné de preux capitaines et d'une brillante cour, le pieux monarque se rendit à l'église où il fut reçu par l'évêque Pierre V[4]. » C'était Pierre IV, celui qui fut le médiateur entre le roi victorieux et Hugues, fils aîné du comte de la Marche. Cette « cour brillante » du guerrier, chaque jour aux prises avec les Anglais, rappelle assez bien la poudre et les cosmétiques que Scipion Dupleix donne à Clovis pour son baptême « tres richement vestu, musqué, la perruque pendante, curieusement peignée, gauffrée, ondoiante, crespée et parfumée selon la coutume des anciens rois françois. »

II.

Vers l'octave de la Purification de la Vierge, 1270, Philippe III le Hardi, roi de France, raconte Pierre Coral dans la *Grande chronique de Limoges,* vint à Poitiers, à Angoulême, à la Rochelle et à Saintes[5].

tous espouentez de la force le roy et de la grant victoire que Diex li avoit envoié ; si vint à lui en la vile de Colonbiers, qui siet a une leue de Pons, et fit son houmage au conte de Poitiers, communalment devant tous. » *Recueil des Historiens,* tome XX, page 339.

[1] *Vie de saint Louis, roi de France,* tom. II, pag. 454.

[2] *Grande Chronique,* traduite en français par A. Huillard-Bréholles, t. V, pag. 299.

[3] Le comte Pierre de Vaudreuil, *Tableau des mœurs françaises au temps de la chevalerie,* tom. II, pag. 207 et 212.

[4] Lacurie, *Monographie de la ville de Saintes,* pag. 197.

[5] MCCLXX primo, circa octabas Purificationis beatæ Mariæ, Philippus rex Franciæ, de quo scripsi superius, venit Pictavos, et post Engolismam, et post apud Rupellam et Sanctonas ; et mansit in partibus illis usque post Pascha. *Recueil des Historiens,* tome XXI, page 778.

Au XIVe siècle, Saintes eut plusieurs visites dont elle se serait pourtant bien passée. En 1330, une troupe Anglo-Gasconne ravage le pays qui est au nord de la Charente, terre du roi de France. Philippe de Valois envoie en Saintonge son frère Charles, comte d'Alençon, avec une armée. Saintes fut prise après une résistance opiniâtre, et le capitole, ou plutôt le château, monument que les siècles n'avaient pu ébranler et qu'avaient respecté les Visigoths, les Francs et les Normands, tomba sous le coup des Français[1]. Le pays est foulé, pressuré, pillé, brûlé, occis. En 1377, Owen de Galles, chargé par le duc d'Anjou de mettre le siége devant le château de Mortagne, passe la Garonne avec les sires de Pons, de Surgères, de Thors, de Vivonne, entre en Saintonge, se dirigeant vers Saint-Jean d'Angély et s'arrête en chemin à Saintes pour faire rafraîchir ses troupes, « en ce beau païs gras autour de Xaintes et Pons, sur ces belles rivières et prairies qui là sont[2]. »

Charles VIII était le 20 juin 1451 à Saint-Jean d'Angély, et le 22 août 1451 à Taillebourg, où il assistait au mariage de son favori, Jean de Levis, avec Thomme de Villequier. Il vint assurément à Saintes, mais je ne sais l'époque; car dans les lettres patentes de Saint-Germain-en-Laye, mai 1492, par lesquelles il accorde à Saintes le droit d'élire un maire à la place de deux jurés, comme cela avait lieu anciennement, il dit : « Ayant regard aux choses dessusdictes, mesmement à la bonne et grant loyaulté que les dits suppliants nous démonstrèrent quand derrenierement feusmes en noctre dicte ville de Xaintes, et de ce qu'ilz nous advertirent et firent savoir aucunes mauvaises intreprinses, machinacions et conspiracions qui avaient été faictes à l'encontre de nous et d'icelle notre

[1] Survindrent esmeutes, excès et voyes de faict de la part des Anglois assemblés à Xaintes, contre lesquels fut envoié monseigneur Charles de Valois, comte d'Alençon, frère du roy Philippe, qui print, ardit et gasta les chasteau et ville du dit Xaintes. Du Tillet, *Annales*, tom. II, pag. 213.

[2] Si ce despartirent du duc bien cinq cens lances de bons gens d'armes et prirent le chemin de Xaintonge pour venir devers Sainct-Jehan-d'Angely... Yvain de Galles s'envint à Xaintes et là se rafraischirent tous ces gens d'armes en ce bon païs et gras entour Xaintes et Pons, sur ces belles rivières et prairies qui là sont. Si estoyent en sa compagnie le sire de Pons, le sire de Tors, le sire de Vivonne, le sire Jacques de Surgières et grand foison de chevaliers et escuyers de Poictou.... Si se despartirent ces gens d'armes quand ordonné fut et s'envindrent mettre le siége devant Mortaigne, lequel chasteau est le plus bel et le plus fort, séant sur la rivière de Gironde qui soit sur les frontières de ces marches du Poitou, de la Rochelle et de Xaintonge. *Chronique de Jehan Froissart*, liv. II, chap. XII, éd. Buchon.

dicte ville, de nos pays et duchié de Guienne, et de la résistance qu'ils firent contre ceulx qui conduisaient et machinaient les dictes entreprinses, à iceux supplianz en faveur des choses dessusdictes, et des grans services qu'ilz ont faitz, et bonnes loyautez et obéissance qu'ilz ont toujours eues et tenues à nosdiz prédécesseurs et à nous[1]. »

On trouve à Saint-Jean Louis XI le 5 février 1462 et le 2 juin 1472; à la Rochelle, le 11 janvier 1463, où il séjourne en simple particulier, et le 24 mai 1472, où il fut reçu en grande pompe. Massion a raconté[2], et après lui M. Lacurie, qu'au mois d'août de 1467, il reçut à Saintes dans le palais épiscopal l'hommage de vassalité de Charles de Valois, son frère, pour son duché de Guyenne[3]. Personne ne parle de la présence du roi, et le procès-verbal de cet acte, que l'historien transcrit, ne nomme pas Louis XI parmi les assistants[4]. Les deux frères ne se virent que plus tard, le 8 septembre, au Braud, sur la Sèvre, entre Charron et Marans.

En mai 1472, Louis XI prit Saintes en personne. Il dut venir plus d'une fois en cette ville. La Rochelle l'inquiétait, et Charles aussi, son frère, à qui il avait donné le gouvernement de la Guyenne, si bien qu'il se rendit maître de la Rochelle, et empoisonna son frère. Il bâtit à Saintes l'élégant clocher de Saint-Eutrope, plein de vénération pour l'apôtre de la Saintonge, et voulant sans doute expier par là la mort du duc de Guyenne. Sans doute aussi, il y continua la fondation d'un cierge brûlé sur le corps du martyr,

[1] *Ordonnances des Rois de France*, tom. XX, pag. 330.

[2] Massiou, *Histoire de la Saintonge*, tom. III, pag. 332.

[3] «Il vint le 19 août de la même année 1469 faire entre les mains de Louis XI, qui s'était rendu à Saintes, l'hommage de vassalité pour son duché.» *Monographie de la ville de Saintes*, pag. 213.

[4] « Le samedy dix-neuviesme jour d'aoust, l'an mil quatre cens soixante-neuf, Monsieur Charles, duc de Guyenne, fils du Roy, estant en la ville de Xaintes, et en l'hostel épiscopal d'icelle, a fait le serment sur la vraye croix de Dieu, nommé de Saint-Lo lès Angiers, portée au dit lieu de Xaintes, par deux prêtres de Saint-Lô, en la forme et manière qu'il est contenu et déclaré cy-dessus en ce présent escript, mondit sieur tenant en sa main ce dit présent escript, en le lisant de sa bouche, et mettant la main dextre sur et au droit du fust de la dite vraye croix, presens à ce des gens du Roy, Monsieur de Damp-Martin, grand-maistre d'hostel de France, maistre Pierre Doriolle, conseiller du dit Sieur, et général de ses finances, Monsieur du Bouchaige, et Jehan Bourré; et des gens de mondit sieur de Guyenne, Monsieur de Villars, Monsieur de Curton, sénéchal de Guyenne; Patrix Foucart, sénéchal de Xaintonges; Loys Sorbier, grand écuyer d'écurie de mon dit sieur, et maistre Lorens Paumier, son secrétaire. Bourré. » *Preuves des Mémoires de Philippe de Comines*, tom. III, pag. 107.

qu'avaient déjà offert Edouard d'Angleterre et Alphonse de Poitiers, et que renouvela pour la dernière fois Louis XIV, le 13 janvier 1682.

François Ier, né le 12 septembre 1494 à Cognac où il passa son enfance, dut venir à Saintes. Pourtant je n'ai rencontré nulle mention de sa visite. On le trouve partout aux environs, excepté dans la capitale de la Saintonge. « Le premier de février 1510, dit Louise de Savoie, mon fils fit son entrée à la Rochelle environ cinq heures après midy. » Le 1er février 1519, il y revint comme roi. L'évêque de Saintes, Soderini, à la tête de son clergé, suivi des corps de métiers, vêtus d'habits de même couleur que leur bannière, le maire, les échevins, sergens, archers, canonniers de la commune, allèrent au-devant du roi jusqu'au pont des Salines. Avec François Ier se trouvaient sa mère Louise de Savoie, duchesse d'Angoulême, et sa femme[1]. Le cortége royal était à Saint-Jean d'Angély, le 11, et le 15 à Cognac.

François Ier se rendit encore à la Rochelle en 1542 pour soumettre les habitants qui s'étaient soulevés contre la gabelle. Après avoir chassé le cerf à Aguré, domaine du baron de Surgères, et couché la veille à la Jarrie, il arriva, le 30 décembre, accompagné de son second fils le duc d'Orléans, du duc de Vendôme, du comte de Vendôme, du comte de Saint-Pol, du cardinal de Tournon, son premier ministre, des cardinaux de Lorraine et de Ferrare, du garde des sceaux Montholon, et autres grands personnages. Il séjourna le 31 décembre, le 1er janvier 1542, et partit le 3 au milieu des acclamations de la cité enchantée de sa bonne grâce et de sa clémence.

• Le *Journal* de Louise de Savoie nous a montré le roi à Cognac en différentes époques. Il aimait sa ville natale; très-souvent les bords de la Charente l'emportèrent sur les rives délicieuses de la Loire. Cognac lui faisait oublier Blois et Chambord. Ses séjours y furent longs et fréquents. Le 14 janvier 1514, il y fit une entrée solennelle, et une autre le 10 décembre 1517, une troisième le 19 février 1519[2]. Il y revint au commencement de 1520, puis de 1522. En 1523, le 13 mars, il y fit et arma chevaliers le comte de Saint-Pol,

[1] Voir *Ephémérides rochelaises*, par M. Jourdan, tom. I, pag. 23.

[2] « Le dimanche, 9 février de l'an 1519, mon fils, mes filles et moi nous entrâmes dans Cougnac, et le jour de mardi gras, qui fut le 21 février, je feis un festin grand et magnifique à l'honneur et louange du dit lieu de Cougnac. » *Journal de Louise de Savoie.*

Thomas de Foix, sieur de Lescun, frère de Lautrec et de Mme de Châteaubriant, puis Bayard et Lautrec. En 1526, après sa délivrance de Madrid, il se reposa à Cognac et se mit à parcourir les villes voisines. Le 30 mai, veille de la Fête-Dieu, il se rendit à Angoulême, accompagné de sa mère et de sa sœur, des cardinaux de Bourbon et de Lorraine, des évêques de Lisieux, de Meaux et de Bazas, du prince de Vendôme, de Saint-Pol, Longueville, La Trémoille, Lautrec, Vaudemont, le marquis de Saluces, le vice-roi de Naples, le duc Maximilien, les ambassadeurs du pape, d'Angleterre, de Portugal, de Venise, des cantons d'Allemagne, d'Écosse, des Albanais et des Turcs, y resta un mois et cinq jours. Pendant ce temps, il alla faire une promenade en bateau sur la Touvre. Un jour, dans une chasse à Cognac, en courant après un cerf, le roi tomba de cheval et se rompit un bras. « Mais on prit si grant soin de le panser que, par la grâce de Dieu, il revint en santé[1]. »

Eléonore d'Autriche, sœur aînée de Charles-Quint, que François Ier, en vertu du traité de Madrid du 14 janvier 1526, avait épousée, le 4 juillet 1530, dans une abbaye à quinze lieues au delà de Bordeaux, fit, le 22 juillet, son entrée à Angoulême, avec les enfants de France. Les rues étaient tendues de tapisserie et de linge blanc. De distance en distance pendaient les armes du roi, de la reine, avec la salamandre et le phénix, leurs emblèmes. Pour ne pas blesser leurs pieds, *ne forte pedes offendas ad lapidem*, on avait mis une épaisse couche de sable. A chaque coin de rue, sur des échafauds, des jeunes filles de dix-sept à quatorze ans se tenaient debout, semblables, disaient les beaux esprits, à des déesses et à des nymphes, vêtues en génevoises, italiennes, espagnoles, turques et autres; et chantaient des rondeaux et des motets à la louange de la princesse. Je passe quatre harangues, deux en latin, deux en français, toutes d'un quart-d'heure, et celle de l'évêque qui dura une demi-heure. Le soir, les lampions ne manquaient à aucune fenêtre, tellement qu'il faisait clair comme en plein midi, ni la grosse artillerie qu'il « faisait bon ouyr », dit naïvement le chroniqueur.

Mais ce qu'il n'oublie pas, ce sont quatre cents gentilhommes « du pays de Limosin », tous vêtus de robes grises, « dont l'une des manches jaulne », chassant devant eux leurs chevaux « et de paeur de fayre bruyt, veu le gros nombre, ils s'estoient tous garniz

[1] Belleforêt, *Grandes Annales*.

de sabotz.... » Le plus haut de la troupe, il surpassait les autres de trois pieds, fit la harangue. Mais contrairement aux autres son discours fut court ; il ne dit qu'un mot : « *Bonadiès!* Bonjour. » O heureuse brièveté !

« Au retour, ajoute le narrateur, qui se moque un peu de ses bons voisins les Limousins, ils s'en allèrent tous loger sur la Toulvre, et pensez si la dicte rivière eut fort à faire : car ils estoient bien eschauffez [1]. »

François Ier vint le lendemain et conduisit sa femme à Cognac par le chemin qui a conservé son nom, *chemin, rue de la Reine*. Les fêtes furent splendides. En 1539, ce fut le tour de Charles-Quint lui-même, qui eut à Cognac une brillante réception.

III.

Les entrées solennelles sur lesquelles nous possédons quelques détails ne datent que du XVIe siècle, et encore de la seconde moitié. Je ne cite que pour mémoire ce que je lis dans le registre des délibérations à la date du 3 décembre 1571 :

« Arrivée à Xaintes de M. le prince de ..... Le corps de ville se transportera pour lui faire la révérence. En outre, le receveur fera provision de bon vin vieux et nouveau pour faire présent audit seigneur à chaque repas. »

Le 5 décembre 1571, nouvelle fête. « Arrivée à Xaintes de M. le marquis de Villars, gouverneur de Guyenne. On ira au devant de lui en plus grand nombre qu'il sera possible. Le sr de la Court avec les autres échevins, manans et habitans, demeureront à la porte Evesque jusques à son entrée, et le sr de la Cour lui présentera les clefs de la ville [2]. »

La première entrée royale est celle de Charles IX. Le roi avec sa mère parcourait, depuis le 13 mars 1564, les diverses provinces de la France pour étudier par lui-même la situation, rétablir l'autorité royale, et effrayer l'audace des Calvinistes. Le 14 août 1565, la cour est à Angoulême, le 23 à Cognac. Séjour, le 24. Le 25, le roi alla à Lonzac voir la charmante église qu'y avait fait récemment élever dans le style de la Renaissance, à la mémoire de Catherine

[1] *Bulletin de la Société archéologique d'Angoulême*, 2e série, t. I. p. 801.

[2] Honorat de Savoie, marquis de Villars, chevalier de l'ordre du Roi, conseiller de Sa Majesté en son conseil privé, capitaine de cent hommes d'armes de ses ordonnances, lieutenant-général de Sa Majesté du pays et gouvernement de Guyenne.

d'Archiac, dame de Lonzac, son épouse, le célèbre Jacques Galiot de Genouillac, grand écuyer de France, grand maître de l'artillerie de France sous François Ier, gouverneur du Languedoc[1], et y rendre visite au comte de Rhingnave, comte Palatin du Rhin, qui avait épousé, avant le 1er novembre 1554, la fille de Jacques Galiot, Jeanne de Genouillac, dame d'Acier en Querci, veuve de Charles de Crussol, vicomte d'Uzès, mort le 11 mars 1547[2]. Du reste nous ferons mieux de laisser la parole à un historiographe contemporain.

Abel Jouan, on le sait, a écrit le *Recueil et discours du roy Charles IX de ce nom à présent régnant, accompagné de choses dignes de mémoire faites en chacun endroit, faisant son dit voyage en ses pays de Champagne, Bourgogne, Dauphiné, Provence, Languedoc, Gascoigne, Bayonne et plusieurs autres lieux.. fait et recueilli par Abel Jouan, l'un des serviteurs de Sa Majesté*[3]. » Ecoutons :

« Et le samedi 25. jour d'Aoust, disner à Lonza, qui n'est qu'un petit village appartenant au comte de Ringrave; puis s'en retourna coucher à Coignac. Pour ce jour. . . . . 4 lieues.

« Auquel lieu de Coignac le roy séjourna onze jours; puis en partit le samedi, 1. jour de Septembre en suivant, pour aller disner au port Chauveau, qui ne sont que deux ou trois maisons, qui sont le commencement du pays de Xaintonge[4]. Et ce dict jour, le roy alla passer la Charente par dessus un pont, au bout duquel il y a deux grandes arches fort haultes et antiques, qui sont du temps que les Romains tenoient ce pays et s'appelle la tour de Montrubel. Au sortir d'icelui, le roi feit son entrée à Xaintes, qui est une belle ville et evesché. Pour ce jour . . . . 5 lieues.

« Et de l'autre costé d'icelle ville, il y a de grandes et anciennes antiquitez qui s'appellent les ars, tout de même celles qui sont à Nymes. Et le dimanche, 2. jour du dict mois, séjourna tout le jour au dict lieu de Xaintes. »

[1] *Epigraphie santone*, pag. 251.

[2] Jean de Genouillac mourut au château d'Assier le 1er mai 1567.

[3] A Paris, Jean Bonfons, libraire; t. I, 1566. Réimprimé dans la 1re partie des *Pièces fugitives pour servir à l'histoire de France*, par Léon Menard et Bachi, marquis d'Aubais.

[4] Erreur : le pays de Saintonge commence dans la paroisse de Louzac, plus près de Cognac, près de Chérac, au logis Montlambert, où une inscription, que j'ai relatée dans l'*Epigraphie santone*, p. 195, indique le côté de la Saintonge et le côté de l'Angoumois.

Abel Jouan ne nous donne aucun détail sur la réception qui fut faite au roi. Un chanoine de Saint-Pierre, François Tabourin, nous en a dit quelques mots, mais au seul point de vue ecclésiastique.

On orne l'autel comme aux plus beaux jours. On expose toutes les reliques sur tous les autels. Le clergé, à la tête duquel est l'évêque Tristan de Bizet, originaire de Troyes et ancien moine de Clairvaux, s'avance jusqu'à la tour de Montrible, sur le pont, et l'accompagne jusqu'au canton de Saint-Michel; puis par une petite rue il gagne directement la cathédrale; et quand le roi y arrive, il est là. Le doyen du Chapitre lui présente une chappe et une aumusse, insignes des chanoines. Ce détail est caractéristique; une chappe et une aumusse! Le chroniqueur ne cite que cela. Une délibération du Chapitre en date du 14 juillet 1656, une autre du 13 juin 1588 et une troisième du 7 juillet 1660, qu'avait lues et que rapporte Vieuille, conseiller du roi et lieutenant général au siége de l'élection de Saintes, en son *Nouveau Traité des Elections* — Paris, Rouyer, 1731, — ajoutaient un surplis, par dessus même un bonnet, voilà pour le doyen. Le trésorier lui offrait vingt-cinq torches, trois ou quatre douzaines de miches, la moitié rondes, la moitié longues, et du meilleur hypocras. De son côté, la reine obtenait dix-huit torches, du pain et du vin.

Voici le texte du chanoine :

« En l'année mil cinq cens septente et un, le roi Charles fit son entrée en cette ville. Toutes les reliques furent mizes tant sur le grand autel que aux chapelles. Lequel M. de Xaintes et tout le cœur du Chapitre furent iceluy recepvoir en procession jusques à la tour de Montrouble et le conduisirent jusques au canton de Saint-Michel, et puis le roy s'en alla tout le long de la grande rue et M. de Xaintes et le Chapitre s'en allèrent passer par la porte de l'église qui estoit vers le cimetière de l'église et puis s'en allèrent rendre vers la porte qui est vers l'évesché, là où il y avoit un grand tapis tendu par le dehors et l'autre par le dedans, et là lui fut présenté par M. le doyen une chappe avec une haumusse. Et puis s'en alla rendre à ung siége qui luy avoit été préparé devant le grand autel; au dessus duquel siége il y avoit un poile, et n'y avoit point de bareaux ni entre le cœur et le dit grand autel et avoient esté hostés pour voir tout le long où le roy estoit agenouillé. »

François Tabourin ne parle pas, on le voit, des présents du chapitre. Pierre Vieuille pourtant dit formellement, page 159 : « Si le Roi venoit à Xaintes, à son entrée dans l'Église, le Chapitre est obligé d'aller processionnellement devant Sa Majesté à la grande porte de l'Église ; M. le Doyen ou celui qui est à la tête lui doit présenter un surplis, une aumusse et la plus belle chape de l'Église, et pour sa Prébende, le Trésorier lui donner vingt-cinq torches, trois ou quatre douzaines de miches, la moitié longues, l'autre moitié rondes, et du meilleur vin qu'on pourra trouver ; et à la Reine, dix-huit torches, du pain et du vin ; cela est aussi rapporté dans les délibérations du Chapitre des 4 juillet 1586, 13 juin 1588 et 7 juillet 1660. »

Il y avait d'autres redevances. Ainsi dans un aveu rendu au prince de Galles et d'Aquitaine, le jeudi en la fête de Saint-Barthélemy (24 août) — Voir aux archives nationales, Registre P 584, f° 4 v° — Guillaume de Loumade, clerc, au nom de sa femme, Marie Fauresse, héritière de feu Guillaume Faure, prêtre, reconnaît qu'il tient une maison à Saintes « à devoir d'un pain et d'un picher d'aigue à paier de moy à mon dit seigneur en sa nouvelle venue à Xainctes. » Une autre pièce de la même date, f° 18, contient l'aveu rendu aussi au prince de Galles par Robert Fouquaut, du péage de la ville de Saintes, au devoir « de faire provision à mes dépens et de mes parçonniers de tant de sel comme lui sera nécessaire, luy faisant personnelle résidence en chastel de Xainctes. » Cent ans après, le 20 janvier 1468, « Jacques de Lousme, escuier, seigneur de Fontaines, « rend au roi son aveu de mesurage et gobetage » du vin et autres boissons en la ville de Saintes, au devoir « de pots de terre, bennes et gobetz de terre une fois sans plus quant il viendra en sa propre personne en ladite ville et autrement non..... et me sera rendu toutce qui demourra des dits potz, voirres et terrins. » Il ajoute qu'il sera en outre tenu de bailler l'une des maisons qu'il tient au roi à Saintes « au chenier de mon dit seigneur pour mettre les chiens, » et que le roi devra payer ce que coûtera le nettoyage[1]. Ces usages curieux s'étaient sans doute perdus ou modifiés avec le temps. Du moins nous n'en voyons plus nulle trace.

[1] Archives nationales, P 585, f° 17 R°. — Aveu des mêmes choses au roi par le même, le 5 octobre 1474, f° 57.

Charles IX passa à Saintes les journées du 1 et du 2 septembre. De là, il se rendit par Corme-Royal et Saint-Just, à Marennes et à Brouage, puis revint à Saintes, ainsi que le raconte Abel Jouan :

« Le lundi, 3. jour dudict mois, alla disner à Cormoreau, petit village, et après disner le roi alla passer par le Mesnil, et par Sainct-Just, qui sont deux beaux villages à une lieue l'un de l'autre, desquels les habitans, qui sont tous mariniers, vinrent en bon équipage, tous habillez de velours de couleur, ayant les enseignes desployées et force artillerie, pour recevoir et faire honneur au roy ; et alla cedict jour coucher à Marennes, qui est un beau et grand village, auquel les habitans d'icelui vinrent aussi en fort belle ordonnance pour recevoir le roy, et y feit son entrée comme en une ville. Pour ce jour, 7. lieues.

« A l'entour de cedict lieu de Marennes y a bien l'espace de vingt-cinq ou trente lieues de salines, les plus belles que l'on peult voir au monde.

« Par de là ledict lieu y a des isles, entre lesquelles y en a une qui est fort belle et a dix lieues de long et sept de large, où il y a une belle ville et fort chasteau, le tout une lieue avant en pleine mer, et s'appelle l'isle d'Oleron.

« Et le mardi, 4. jour dudict mois de septembre, le roy ne bougea de Marennes; pendant lequel les habitans, tant dudict lieu que des villages circonvoisins, s'assemblerent tous en fort belle ordonnance, qui estoient bien de six à sept mille hommes, qui tous vinrent passer par devant le logis du roy, ausquels le roy print plaisir.

« Et le mercredi 5. jour du dict mois, le roy partit de Marennes pour aller disner et voir un beau port de mer, auquel lieu l'on a faict une nouvelle ville qui s'appelle le Broage, auxquels lieux s'amassèrent tous les habitants, tant du dict lieu que des villages circonvoisins en fort belle ordonnance, et tirerent l'artillerie des vaisseaux qui estoient dans ledict port, qui en ne prenant pas garde à eux, tuerent deux hommes, et en blesserent quelques autres.

« Et puis après disner, les mariniers donnerent plaisir au roy d'un combat de vaisseaux contre vaisseaux sur la mer, que en ce faisant brûlèrent un de leurs navires; et après le roy s'en alla coucher à Marennes. Pour ce jour, 2. lieues.

« Et le jeudi 6. jour dudict mois de Septembre, tout le jour, audict lieu, pendant lequel s'assembla bien huict ou neuf cents personnes à l'église dudict lieu pour soy confesser et faires leurs pasques, laquelle chose ne pouvoient faire, le roy estant absent, à cause que les principaux du lieu estoient de la religion prétendue réformée, que nous appelons huguenots. Plus ce même jour fut baptisé pareillement grand nombre d'enfans, desquels il y en avoit de si grands, qu'ils répondoient au prêtre en les baptisant; le roy assista à la plus grande part et en fit nommer de son nom, aussi la royne et madame.

« Le vendredi 7. jour dudict mois, alla disner à Cormoran, et coucher à Xainctes. Pour ce jour, 7. lieues.

« Et le samedi 8. jour du dict mois, tout le jour audict lieu de Xaintes et le dimanche, le lendemain pareillement, lequel jour le roy feit faire la grande procession générale à laquelle il assista. »

La ville fit bien les choses en cette circonstance, je veux dire qu'elle s'endetta. Le 20 mai 1582, sept ans après, la municipalité s'occupait de rembourser « les deniers empruntés pour l'entrée du deffunct roi de bonne mémoire, le roy Charles le dernier. »

Pendant que Saintes comptait combien lui avait coûté cet honneur royal, la cour s'acheminait par Escoyeux et Brisambourg, vers Saint-Jean d'Angély et la Rochelle.

« Le lundi 10. jour de Septembre, disner à Brisembourg, petit village et chasteau; puis après disner le roi alla passer la rivière de la Boutonne aux faulxbourgs de S. Jehan d'Angely, et la passa par dessus un pont de bois nouvellement faict, et alla faire son entrée et coucher dans ladicte ville de sainct Jehan d'Angely, qui est une belle et bonne ville. Pour ce jour 5. lieues.

« Le mardi 11. jour dudict mois, tout le jour audict lieu de S. Jehan.

« Et le mercredi 12. jour dudict mois, disner à Parenses, qui est un pauvre village et chasteau, et coucher à Surgères, autre beau village et fort chasteau. Pour ce jour 5. lieues.

« Et le jeudi 13. jour dudict mois, disner à la Jarrie, qui est un beau et grand village, et coucher à une petite abbaye, qui est aux faulxbourg de la Rochelle. Pour ce jour 5. lieues.

« Le vendredi 14. jour dudict mois de Septembre, disner audict lieu; puis après disner s'alla mettre à un théatre qui lui avoit été apresté devant la porte de ladicte abbaye, pour voir passer en armes les compagnies de ladicte ville de la Rochelle, qui estoient en grand nombre et bon équipage: quand ils furent tous passez, le roy alla faire son entrée en ladicte ville, qui est une belle et foret ville, et port de mer, à l'entour de laquelle y a un grand nombre de fort belles vignes et des salines.

« Sensuit ce qui estoit en un tableau sur le portail du logis du roy en ladicte ville de la Rochelle :

Les Rocheloys chantent l'heur immobile
D'une chrétienne et notable Sybile,
Qui par prudence ordonne un si grand bien
Au roy Gaulois, qu'au champ Elizien
Au sein de paix ores il se repose,
Et à ses voix son peuple se dispose[1].

« Le roy séjourna en ladicte ville de la Rochelle trois jours, puis en partit le mardi, 18. jour du dict mois, pour aller disner à Benon, qui est un pauvre village et chasteau, et coucher à Mozé, beau et grand village et chasteau. Pour ce jour 7. lieues. »

Il est un fait qu'a omis le chroniqueur : Quand le roi accompagné de sa mère Catherine de Médicis et de sa sœur, la princesse Marguerite, depuis reine de Navarre, entra dans la Rochelle, il trouva tendu devant lui le cordon traditionnel. Avant d'aller plus loin, le roi devait jurer de respecter les franchises et libertés de la ville. Ce jour-là, le connétable de Montmorency s'informa de ce que signifiait ce cordon ; on le lui dit. Furieux, il tira son épée et fit voler en l'air cette fragile barrière. C'en était fait : la fière cité devait, elle aussi, se courber devant l'omnipotence royale. Le maire saisit bien le cheval à la bride et essaya de retenir le roi. Charles IX poussa en avant ; il fallut s'incliner. Image du suprême effort que la Rochelle devait infructueusement tenter contre Louis XIII et Richelieu.

IV.

La première entrée que j'emprunte aux registres municipaux, peut-être que ceux qui n'existent plus en racontaient d'autres, est celle de Catherine de Médicis et de sa fille, la reine de Navarre.

[1] Je n'ai pu comparer les vers latins d'un Bordelais, ode « Stephani Cruselli Burdegalensis sub adventum Caroli IX regis semper Augusti in suam urbem Burdigalam ; Burdigalæ, 1564. » Etaient-ils meilleurs que les rimes Aunisiennes ? — Voir aussi la relation du séjour de Charles IX à Bordeaux dans dom Devienne, *Histoire de la ville de Bordeaux*, p. 145.

Henri de Navarre, le futur Henri IV, aurait bien voulu visiter Saintes, lorsqu'il était à Brouage en 1576. Il en manifesta même l'intention. Que fait le corps de ville? Un roi à héberger coûte cher, quoique celui-çi vécût du pain noir des montagnards du Béarn et portât des trous au coude. Aussi, le 27 juin, on députe vers lui deux échevins, Chadeau de la Clochetterie et Relyon. Ils lui font entendre que la ville est fort pauvre. Le roi gascon comprit sans doute : il ne vint pas.

Mais en 1578, deux ans après, sa femme, Marguerite de France, duchesse de Valois, et sa belle-mère, Catherine de Médicis, se dirigent à Cognac. Toujours galants, nos pairs et conseillers décident, vers le 23 août, qu'on ira au-devant d'elles. Le 27, on sait positivement qu'elles sont arrivées. Six échevins les reçoivent : Relyon, de Prahec, Senné, Le Berthon, Greland et Pichon. On fait un poële que porteront Relyon, de Prahec, Senné et Aymar. Tout est à l'œuvre ; les poètes ont monté leurs lyres; Johanneau et Gasteuil ont composé des dixains et des vers, tant en latin qu'en français. » Je ne connais pas Johanneau le poète, et Gasteuil pas davantage. A cette époque on les connaissait un peu, mais surtout Gasteuil. Un poète Saintongeais, André Mage de Fiefmelin, en l'île d'Oleron, énumérant tous les poètes locaux de son temps, s'écrie :

> Mais qui est cet esprit qui en poëte s'extase,
> Dont la foy en sa fin au ciel tend et l'attend?
> C'est Gasteuil qu'Apollon sous soy enthousiase,
> Dont l'air hautain sur tout s'entend.

Quels vers! Et ce quatrain-là n'est pas pire que le sixain des Rochelais sur Catherine de Médicis, « la Sybile chrétienne! »

Toutefois, le corps municipal n'était pas très-rassuré sur la valeur de ces vers, et il avait un peu raison. Présenter aux deux reines de mauvaises pièces, c'était déshonorer Saintes à jamais. Il commet donc deux échevins, François Eschassériaux et Jehan Aymard, au soin de revoir les dixains et les hexamètres latins. Nous n'avons pas ces échantillons de poésie officielle et saintongeaise; je le regrette.

Le gouverneur de la ville, M. d'Escoyeux, écrit bien de ne rien faire sans lui, toutefois de mettre la jeunesse en armes. On ne l'écoute guère. Deux hommes sont désignés par paroisse pour faire rassembler les habitants; mais on ne portera pas d'armes. A quoi bon effrayer deux femmes par la vue des arquebuses? De plus, le maire Henri Moyne, seigneur de l'Espineuil, a visité par lui-même les caves de la rue Saint-Maur. Pichon et Gay sont chargés de descendre dans les autres. On cherche, on goûte le meilleur vin qu'on offrira aux augustes étrangères.

Le 2 septembre, au soir, la reine-mère de France, et la reine de Navarre se présentent. La troupe officielle est à la porte de la ville. A chacun des cantons deux ou trois douzaines de petits enfants offrent des fleurs aux reines. Touchant hommage qui valait peut-être les dixains. Le 9, Catherine de Médicis alla à Pons.

V.

Quatre ans après, la même reine de Navarre revient dans une ville où elle avait été si bien accueillie. Elle était à Saint-Jean d'Angély. On alla au-devant d'elle jusqu'à une lieue. Ceux qui portent le poële sont presque les mêmes : Jehan Relyon, de Prahec, Senné et Dominique du Bourg. C'est le plus éloquent du corps municipal, François Eschassériaux, sieur de Conteneuil, avocat, qui fera la harangue : il avait bien corrigé les vers de Johanneau.

Marguerite de Navarre descendit à l'abbaye de Sainte-Marie, au faubourg Saint-Pallais. L'abbesse, Françoise de la Rochefoucauld (1559–1606), lui présenta la croix qu'elle baisa, et l'on chanta le *Te Deum*.

Le lendemain 4 mars, dimanche, devait avoir lieu l'entrée en ville. A onze heures, maire, échevins, officiers et sergents du corps municipal, conseillers et avocats au présidial, procureurs, sergents, se rendent à l'abbaye des Dames.

La milice bourgeoise, enseignes déployées, tambours battants, fifres et autres instruments résonnants, accompagne l'échevinage. Les gentilshommes à cheval font cortége au lieutenant de M. de Belleville, gouverneur de Saintonge. Le plus ancien échevin, Charles Farnoulx, parle au nom des manants et habitants ; Jacques Tornes, sieur du Breuil, pour le présidial.

On se met en route. La reine est en chaise ; à la première porte du pont on lui offre les clefs qu'elle rend gracieusement. Elle s'avance sous le poële. A la porte de l'église Saint-Pierre, elle descend de sa litière « portée par deux beaux grands mulets bien équipés. »

L'évêque, Nicolas Le Cornu de la Courbe de Brée, chante un *Te Deum*. Jean Goumard, abbé de Chastres et archidiacre de Saintes, dit la messe. Après la cérémonie, la reine avec ses demoiselles d'honneur monte « en litière et coche, » et fait l'ascension du capitole. Là est le château. Elle s'entretient une heure avec le sieur de Belleville.

Le lendemain, 5 mars, à huit heures, l'échevinage se rend à l'abbaye pour faire la révérence à Sa Majesté. Il y reste trois heures; Marguerite entretient en particulier chacun des conseillers, et chacun a des doléances spéciales. Charles Farnoulx, au nom de tous, ne manque pas de lui présenter une requête importante. Ah! si la ville pouvait être déchargée de la gabelle et autres subsides! comme on bénirait Sa Majesté! comme on serait heureux d'employer l'argent à une magnifique réception! Marguerite promit d'intercéder auprès du roi, son frère; dans ces cas les promesses ne coûtent guère et sont toujours acceptées. Il ne paraît pas que Henri III ait rien accordé.

La reine, après la messe, monta en litière, et accompagnée de la jeunesse en armes, du corps de ville, de M. de Belleville et des gentilshommes, retourna à Saint-Jean. A une lieue de Saintes, le cortége la quitte.

Je transcris le passage dans toute sa naïveté :

« 3 mars 1582.

« A esté arresté qu'on ira au devant de la dicte Royne en le plus grand nombre et meilleure compagnie qu'on pourra, et de faire crier à son de trompe de faire tendre chascune rue où elle passera, et présenter les clefs et le poelle; et pour présenter et porter les clefs et poelle, ont esté députés les sieurs Relyon, de Prahec, Senné et du Bourg, et pour présenter à la porte de la ville .... et sur les ponts le dict soubz mayre avec quelques échevins de la dicte ville, et pour aller au devant de la dicte Royne, et le plus loin qu'on pourra l'aller trouver, iront au plus grand nombre que se pourra trouver de ladicte ville; et pour faire la harangue, tant pour la justice, mayre, eschevins, manans et habitans de la dicte ville, a esté député M. François Eschassériaux, conseiller et eschevin de la dicte ville.

« Ce faict, le dict 3e jour du dict mois de mars, est venue de la dicte ville de Saint-Jehan en ceste ville en l'abbaye de Nostre-Dame hors les murs de la présente ville où les diets officiers, mayre, eschevins, manans et habitans de la dicte ville, toute la jeunesse de la dicte ville avec armes, tambours, phifres et enseignes déployées, furent au devant de la dicte Majesté Royne, environ une petite lieue distant de la dicte ville, où lui fut faict deux harangues par le dict sieur Eschassériaux, pour les dicts officiers, mayre, eschevins, manans et habitans de la dicte ville, et par son capitaine des ponts de la dicte ville, sergent-major de la dicte infanterie, et ce faisant, la conduire, le tout en bon ordre et équipages, jusques à la dicte abbaye, chez Madame l'Abbesse; laquelle Majesté fut recueillye par la dicte dame abbesse, lui baillant la croix, que la dicte Majesté baisa; ce faict, fut chanté *Te Deum laudamus;* et environ six heures du jour, tout incontinent les susdicts officiers, mayre, manans et habitans se retirèrent en la dicte ville.

« Le lendemain, quart jour du mois de mars, jour de dimanche, la dicte Majesté Royne, environ l'heure de onze heures du matin, furent la trouver en la dicte abbaye les sieurs mayre, eschevins, officiers, advocats, procureur, sergents du dict siege de Xainctes, estant en la présente ville, le sieur .... lieutenant de Monseigneur de Belleville, chevalier de l'ordre, capitaine des cents hommes d'armes de la dicte Majesté le roy, accompagné de plusieurs gentils hommes de sa compagnie, tous à cheval en bon esquipage avec toute la dicte infanterie bien équipée d'avance, enseignes, tambours, phifres et aultres instruments, sont allés trouver la dicte Royne jusques à la dicte abbaye; et eux estant pour le mayre et eschevins, noble homme Charles Farnoulx, le plus ancien des eschevins, et pour l'absence de M. le mayre, a faict et harangué pour la dicte ville, manans et habitans d'icelle une belle remontrance et harangue à la dicte Majesté, tellement que la dicte Majesté s'est bien contentée; et après tout incontinent les dicts officiers se sont présentés devant la dicte Majesté et noble homme M. Jacques Tormes, sieur du Breuil, conseiller de Sa Majesté, a aussi faict une belle harangue à la dicte Majesté qu'elle s'est fort contentée. Quant à la noblesse et jeunesse...

« Ce faict la dicte Majesté Royne s'est descendue et mise en chaise, pour s'en venir à la dicte ville, avecques tous messieurs les officiers, soldats et noblesse, et estant sur le premier pont de la dicte ville on lui a présenté les clefs par noble homme ......, qu'elle a rendues subitement au dict ......, laquelle lui a dict ......; et suyvant son chemin sur le dict pont de la dicte ville, accompagnée comme dessus ; et estant à la porte première de la dicte ville, le poèle lui a été présenté et mis sur la litière où la dicte Majesté estoit portée, par les dicts sieurs Rellyon, de Prahec, Senné, et Du Bourg; puis a prins son chemin de la dicte porte, tout du long de la grande rulie, jusqu'au quartier de Forges, et de là jusques aux portes de Saint-Pierre où elle a esté descendue de sa dicte litière portée par deux beaux grands mulets bien équipés et en bon ordre ; laquelle Majesté a esté reçue par révérend père en Dieu Monseigneur l'Évesque de Xainctes, accompagné de Messieurs les Doyen, chanoynes et chapitre de Xainctes, où ils ont chanté *Te Deum laudamus* en musique, et le *Te Deum* dict et oraison par Révérend Père en Dieu Monseigneur l'Evesque de Xainctes, a commencé la messe qui a esté dicte par Révérend l'Abbé de Sordes et Chastres, et icelle dicte, la dicte Majesté avecques ses demoiselles est entrée en leur litière et *coche* ; et s'en sont revenues ; et montées au chasteau de la présente ville, la dicte Majesté est entrée avec quelques demoiselles et gentils hommes ; a ...... [1] esté environ une heure avec le sieur de Belleville.

« Et amprès s'est montée en sa dicte litière, pour retourner en la dicte abbaye avecques ses demoiselles, son train, gentilshommes et soldats qui l'on conduite jusques à l'abbaye.

« Et le lendemain jour de lundi, 5 du dict mois de mars, les dicts pairs et eschevins de la dicte ville, environ l'heure de sept à huit heures, avec messieurs les officiers du Roy, se sont transportés de la dicte ville, tous ensemble en l'abbaye pour aller faire la révérence à la dicte Majesté, où ils ont resté jusqu'à l'heure de onze du dict jour, et bientot après ont été les officiers et eschevins appelés les ungs après les aultres pour iceulx ouyr, lesqueulx ont esté ouys en leurs remontrances mesmement par Me Charles Farnoulx, nommé par les dicts pairs et eschevins, qui a faict plusieurs remontrances à la dicte Majesté, mesmement qu'il luy pleust estre intercesseur envers la Majesté du Roy son frère et la Royne sa mère, d'abolir le subside du sel et aultres ; et amprès les dictes remontrances à la dicte Majesté, la dicte Royne a promis estre et faire ce qu'il luy sera possible, et de prier Sa Majesté de supprimer le dict impost ; et amprès la messe dicte, est montée en sa litière, et s'est partie pour

[1] Tous les *blancs* de ce récit sont des lacunes de l'original.

s'en aller à Saint-Jehan d'Angely, accompagnée d'une grande quantité de gentilshommes, de M. de Belleville, officiers, pairs et eschevins, toute la jeunesse de la ville, avec armes, tambours et enseignes déployées, qui ont conduit sa dicte Majesté, une grande lieue de la ville pour s'en aller au dict lieu de Saint-Jehan d'Angely, laquelle dicte Majesté leur a baillé congé. »

VI.

Henri IV passa à Saintes. Mais j'ignore l'époque. Son fils et successeur, Louis XIII, honora plusieurs fois Saintes de sa présence. Il fut amené dans la province d'abord par le siége de Saint-Jean, par celui de Royan, par celui de la Rochelle. Puis peut-être se souvenait-il que c'était l'évêque de Saintes, Nicolas Le Cornu, qui, le 25 novembre 1615, — et non 1616 selon le *Gallia*, — avait, comme le plus ancien évêque suffragant de la province, célébré, à Bordeaux, en l'absence du cardinal de Sourdis, arrêté par ordre de sa Majesté, son mariage avec Anne d'Autriche. Pour cette cérémonie toutefois, Louis XIII ne vint pas en notre ville. Le 28 septembre 1614, la cour quitte Poitiers; le 29 elle est à Couet; le 30 à Ruffec; le 1er octobre, à Angoulême, où elle resta jusqu'au 4, et où Grelaud, Guillebon et Goy vinrent saluer le roi au nom de la ville de Saintes, le 4 au soir, à Barbezieux; le 5, à Montlieu; le 6, à Bourg; le 7, à Bordeaux. Au retour, elle passe le 17 à Créon, le 18 à Brenne, à Libourne; le 22 à Coutras, le 23 à la Rochechalais, du 24 au 28 à Aubeterre, le 29 à Villebois-la-Valette où Épernon la rejoignit avec quatre mille hommes; du 30 décembre au 2 janvier à la Rochefoucauld, le 3 à Verteuil; le 5 on part de Civray pour Poitiers.

Louis XIII se dédommagea, cinq ans plus tard. Le roi arrive; le duc d'Epernon, gouverneur de Saintonge et d'Angoumois, le mande. Aussitôt, le 11 septembre 1620, on s'assemble. Les capitaines des quartiers sont nommés. Ils feront ranger les habitants sous « leur enseigne coronelle. » Quatre échevins porteront le poële, Farnoulx, Huon, Pichon et Roy. Ils auront habits décents de drap de soie, l'épée au côté, au chapeau les couleurs du roi. Le lendemain, nouvelle décision; les habits seront des robes de taffetas. Grande perplexité pour Farnoulx; aura-t-il un habit de drap ou une robe de taffetas? Il écrit donc sur le registre :

« Le dit sieur Farnoulx a dit que, par la dernière délibération si il y avait huit eschevins au plus, la question que dessus pour les habits de ceulx qui auraient l'honneur de porter le poële, avait été vidée, et qu'en vertu d'icelle il serait habillé d'habits convenables à grande despence, qui fait qu'il ne peut s'habiller autrement attendu la brièveté du temps, offrant néantmoins porter le chaperon pour la marque de sa qualité d'eschevin. »

On maintient la dernière délibération.

L'habillement des porteurs du poële ainsi réglé, il faut s'occuper du poële lui-même, puis des arcs de triomphe, puis des tapisseries, des armoiries, enfin de la décoration de la fête. L'affaire ne laisse pas d'être grave. Le 14, on mande à midi les maîtres peintres et les maîtres brodeurs. Chasseriaux et Lartigue se présentent. Mais, observe Dominique Duplaix, procureur de la ville, comme il s'agit de l'argent de tous, ne vaut-il pas mieux mettre la fête en adjudication ? Il sera donc battu un ban par tous les cantons et carrefours que, le 15, à midi, « sera baillée au rabais et moins disant » la fourniture de tout ce qui sera nécessaire « pour faire bien et duement les frais de la dite entrée. » Le soumissionnaire devra « bailler bonne et suffisante caution, et être prêt au jour dit. » Mathurin Causelier, commis du trompette, a donc fait sa proclamation. Louis Mineau, maître peintre, demande 3,000 livres ; Jean Michaud, marchand, 2,800 ; Jehan Monbrail, aussi marchand, 2,600 ; Jehan Menac 2,500 ; Etienne Letard 2,300. Deux mille trois cents livres, c'est une forte dépense. Ne pourrait-on pas recevoir Louis le Juste à moins ? L'adjudication est renvoyée au lendemain. Le procureur devra la faire annoncer de nouveau par les rues.

Et le 16, comme le temps presse et que sa Majesté s'avance, on décide qu'on en finira. Maître Brader met à 2,200 livres, Jehan Monbrail à 2,100. Enfin Minault et Pierre Tercinier, marchands, obtiennent la livraison moyennant 2,000. Ils seront payés par le receveur, 1,000 livres dans huit jours et 1,000 livres « incontinent qu'ils auront fait les frais de la dite dépense. »

Mais les 2,000 livres ne suffisent pas. Le 23, on emprunte 1,028 livres 6 sous, qu'on remet au mains d'Henri Moyne, Richard, Pichon, Huon, Pitard et Roy, pour être employées à la fête. Puis on priera sa Majesté d'autoriser cette dépense : elle ne pourra refuser, puisque c'est pour elle. Il faut bien que les habitants s'imposent ; la malheureuse ville « n'a aucun denier d'octroi, ni autres patrimoines pour faire les dits frais. » On a bien sondé les coins et recoins de la caisse ; à force d'y chercher, on est parvenu à y découvrir 12 livres 8 sous : douze francs quarante centimes.

Nous assistons ainsi aux préparatifs de la pièce, avant le lever du rideau. Voilà les coulisses ; les scènes préliminaires ont de l'intérêt. Qu'il est fâcheux que le registre des délibérations ne nous ait pas conservé le récit de la solennité ! Il n'y a plus même une ligne. Mais nous avons le journal de François Tabourin. Notre chanoine va suppléer au silence de nos édiles. Le *Journal de Jean Heroard*, t. II, p. 249, ne contient que cette note : 1620. « Le 10 septembre, jeudi, il part de Lusignan, arrive à la Motte-Saint-Eloi où M. de Parabere lui donne à dîner. Le 15, mardi. Arrivé à Saintes pour la première fois ; en son cabinet, il donne audience à messieurs les députés du parlement de Bordeaux. Le 19, samedi. Il arrive à Bordeaux par la porte du Chapeau-Rouge... » Pourtant il y a un désaccord : Tabourin fixe au 14 l'arrivée à Saintes, tandis que Heroard écrit le 15.

« Le quartorzième jour du moys de septembre l'an mil six centz vingt, le roy Louys XIII fit son entrée en la présente ville de Xaintes, là où M. son frère l'accompagnoit, M. le prince de Condé et aultres princes seigneurs, évêques, et gentilzhommes, et ne coucha qu'une seule nuit en la ville ; et le lendemain sur les dix heures du matin, s'en alla à Pons coucher avec tous ceulx qui le suivaient et luy fut droissé par Messieurs de la maison de ville du dict Xaintes, à la barrière qui entre sur le pont, comme une grande porte de ville fort bien accomodée, au dessus de laquelle porte il y avoit à chascun consté un ange pint avec chascun une trompette peinte en toille et au milieu d'icelle estoient les armoyries du Roy environnées de laurier. Et entrant dans la ville, despuis la porte qui renferme le pont et tour d'icelle ville, comme l'on vient du faux bourg de Saint-Pallais dans la dicte ville, il y avoit tout le long du pont jusques à la tour où anciennement l'on mettoit les prisonniers, des voultes qui avoient esté droissées, faictes de laurier et d'aultres branches d'arbres, à laquelle voulte il y avoit force fenisl qui avoit esté attaché aux branche des dicts lauriers et aultres arbres qui pandigloient en bas, comme rézins, muscas, persets, panier, melon, concombres, poires, pomes, coudins et aultres fruicts suivant la saison de l'année ; puis entrant dans la ville, à la porte qui entre du pont en la dicte ville, les armoyries du Roy y estoient attachées avecques celles de la ville, puis le long de la grande rue, le tout estoit tendu de linceux et de tapisserie. Là tout le peuple chantoit à haulte voix, « Vive le Roy ! » Puis à l'endroit de l'église de Saincte-Coulombe qui est en la dicte grande rue, y avoit-on dressé ung grand portail faict en façon de porte de ville fort bien accomodé, tellement que l'on eut dict qu'il y avoit au della icelle porte une aultre ville ; et de là s'en alla rendre en l'église de Saint-Pierre de Xaintes là où monsieur de Xaintes avec Messieurs du chapitre l'attendoient. Et estant entré dans icelle église, M. de Xaintes lui fit de la part du clergé une arangue, que puis après mons le doyen d'icelle église lui en fit une aultre de la part du chapitre et luy présenta puis après ung surpelit, une haumuze, une chape et ung bonnet carré ; puis cela faict, son aumonnier print le tout, et sa majesté s'en alla agenouiller devant le grand autel, au siége qui luy avoit esté préparé, au dessus duquel siége y avoit ung poille ou toile de velours cramoisis rouge, auquel estoient les armoyries de sa Majesté, et pendant que l'on chantoit *Te Deum laudamus*, demeura toujours agenouillé, priant Dieu. Lequel dit et chanté, se retira à son logis à l'evesché, là où il logea et ne coucha qu'une nuict en la ville et le lendemain s'en alla en Gascogne, Béarn et Navarrin [1]. »

Les poètes s'étaient mis en frais. Aux arcs triomphaux pendillaient non pas des lauriers, mais des vers et des images allégoriques. Au pied d'une Victoire l'imitateur saintongeais de Virgile s'écriait :

[1] Voici une autre relation qui confirme celle de Tabourin :

« Ce qui fut fait à l'entrée de Louis treizième, roy de France et de Navarre en l'église cathédrale de Saintes, le 14 septembre 1620, à quatre heures du soir.

« Premièrement on mit un tapis de velours tané avec son coussinet de contre le bénitier où Mons. L'Evesq. était en habit d'évesque avec ses deux archidiacres chappés : Messieurs du chapitre y étaient chappez; M. de Xaintes lui donna la croy à baiser et fit sa harangue, M. le Doyen fit la sienne; à la fin lui présenta un surpellit, haumusse, chappe et bonnet. M. de Xaintes et le chapitre retournèrent au chœur. Le Roy se feut mettre devant le maitre autel, dessous un daix qui étoit de velours rouge cramoisy, le tapis de mesme et le coussinet que M. l'Evesq. fit faire; il coutoit cinq cent cinquante livres. Le Roy etant accommodé, M. de Xaintes antonna le *Te Deum*. A la fin, dit deux ou trois oraisons. M. Moreau, trésorier, accompagné de trois Messieurs, fut au souper du roy, luy présentèrent du meilleur vin et quatre douzaines de miches. Le roy remercia le chapitre; tout fut avec honneur. »

Journal politique et littéraire de Saintes, 30 mai 1810, nº 14, première année, p. 5.

« Voici que le généreux fils de Henri s'avance. Sèche tes pleurs, heureuse terre des Santons. Il arrive ton roi, tout brillant des triomphes que Mars n'a point ensanglantés. La justice et la paix, tels sont les présents qu'apporte le grand roi. »

Henrici Lodoïcus adest generosa propago.
Luge, ora felix Santonum :
Adventat rex ecce tuus, rex ecce triumphis
Marte incruento splendidus.
Justiciam pacemque tibi, gens Santona, magni
Sacra ora principis ferunt.

Au-dessous d'une Renommée se lisait ce distique :

Santonici cives, regem cognoscito vestrum.
Terrarum splendor, rex Lodoïcus adest.

« Habitants de Saintes reconnaissez votre roi. Splendeur de l'univers, le roi Louis s'avance. »

« A l'entrée du costé senestre estoit un poile de satin bleu, faict en ovalle, parsemé de soixante fleurs de lis en broderie d'or et de plusieurs LL couronnées. A chacun visage il y avoit un grand escusson portant les armes de France, et au fond du dée, qui estoit, comme la doublure des pentes doublées de taffetas blancs, un plus grand. La frange de soie bleue avec la crispine d'or, portés par nobles hommes Denis Huon, Daniel Farnoux, Josué Pichon et Pierre Roy, tous échevins. Le Roy, soit par humilité, soit pour être mieux vu de ses subjets, ne se voulut mettre sous le dée, occasion que plusieurs ne le connaissans, ne crioient : Vive le Roy. Les deux costés du pont Dorman estoient garnis des plus notables habitans ; sur le portique du levis devant la tour de Mautrible, estoit une architecture couverte de lauriers représentant un grand portail dans lequel estoient trois écussons des armes de France et de Navarre. Depuis la tour ancienne jusques au pavillon qui joint la tour en ovalle, si estendoit une tourelle couverte de feuillages si épais que le soleil ne la pouvoit pénétrer ; ces ramages estoient garnis de toutes sortes de fruicts qui recréoient et la vue et la soif des passans. Ce jour fort serain succéda aux facheuses pluies, ainsi le Roy entrant en la ville de tous costés tapissée et sablée par le bas. L'air estoit rempli de joieuses acclamations à l'honneur de sa Majesté et bonheur de ses subjets. Proche du canton des Forges fut dressé un portal d'ordre corinthe avec ses enrichissemens de chapitaux, architraves, mollures, frises et corniches ; au pied de chaque colonne du dit portal estoient deux figures aussi grandes que le naturel, chacune représentant une saincte avec une palme d'une main et un cœur de l'autre, qu'elles offroient au Roy comme représentant le cœur des citoyens de la ville de Xaintes, ce qui étoit plus intelligiblement représenté par un sisain escrit en lettres d'or sous un portique au milieu d'un portal dans lequel le portrait du Roy au naturel paroissoit habillé en sainct Loïs et à ses pieds ses armes. Les vers furent prononcés par un jeune enfant qui estoit sur un théâtre à costé du portal lorsque sa Majesté passa :

Nous mettons en vos mains les reines de nos âmes,
Les clefs de nos désirs, et voulons que ces dames
Vous aspendent nos cœurs que nous vous présentons.
Mais non, Sire, nos cœurs sont sous votre puissance ;
Ainsi nous n'en pouvons avoir la jouissance ;
Si vous nous les rendez, nous vous les offrirons. »

Quelque commissaire délégué municipal avait-il revu les vers ? Les archives au moins n'en font nulle mention. Hélas ! on avait jugé à propos de les consigner sur les registres après les avoir affichés. *Le Journal politique et littéraire de Saintes* les a reproduits avec la relation de la fête. C'est ainsi qu'a été conservé ce spécimen de poésie locale.

Le duc d'Epernon harangua sa Majesté. Son discours a été publié, je regrette de ne l'avoir pas : il eût été curieux de comparer la prose aux vers.

« L'arcade passée, le roy alla en l'église cathédrale recevoir les cérémonies requises ; de laquelle sortant, il alla voir la citadelle ; descendant du château, il se retira dans le palais épiscopal qui lui avoit esté préparé pour son logement ; il partit dès le matin suivant, et alla en Béarn. »

Un mois après Louis XIII revint. « Après avoir réduit les places et les habitants sous son obéissance, continue le chroniqueur, il retourna aussy tost et repassa par cette ville, la vigile de Toussaints ; il toucha les malades en la grande église. La porte qui a l'honneur de porter son nom eut aussi l'honneur de commencer son service par l'entrée de sa Majesté, personne n'y ayant auparavant passé [1].

[1] Le 22 octobre 1619, on creusait les fondements de la porte Saint-Louis que le duc d'Epernon voulait appeler *Porte Royale*. On trouva une belle source d'eau vive à laquelle le Maire, Jean Richard de la Ferlandrie, fit faire un bassin d'or. La porte

Le dit maire avec les échevins le reçut comme il avait fait à l'autre porte. Son séjour ne fut que de deux jours. Aussy tost que le roy fust retiré à Paris, les Béarnois se révoltèrent. Pour les remettre en leur devoir, mon dit seigneur Despernon, le printemps venu, fut commandé d'y mener des troupes, ce qu'il fit avec une telle prudence, diligence et affection, qu'incontinent il rétablit la religion catholique, la justice et la tranquillité, et tourna plein d'honneur et de gloire bien à propos au siége de Saint-Jean [1].»

Le registre de l'hôtel-de-ville, au 29 septembre 1620, constate l'emploi d'une somme de 50 fr. pour achat de vin à Sa Majesté et à nos seigneurs de sa cour. Le présent, il faut l'avouer, n'était pas tout à fait désintéressé. On voulait obtenir la confirmation des priviléges de la ville.

Car Charles IX, au mois d'avril 1561, avait accordé au corps de ville les droits, priviléges, franchises dont jouissaient La Rochelle et Saint-Jean-d'Angély. La Rochelle et Saint-Jean avaient le droit de noblesse pour leurs maire et échevins. De plus, Henri IV, en novembre 1597, avait dit en faveur des vingt-cinq membres du corps municipal : Qu'ils « soient et demeurent eux et leur postérité nobles et jouissent de tous priviléges et marques de noblesse. »

On tenait beaucoup à ce que ce droit fût maintenu, et on ne le trouvait pas trop payé de quelques barriques de vin. Louis XIV en confirmant les priviléges, au mois de novembre 1644, oublia la noblesse ; et la cour du parlement, en enregistrant, le 6 octobre 1655, ces lettres patentes, en excepta formellement la noblesse et l'exemption du droit d'aide [2].

fut achevée sous la mairie de Jacques Badiffe de la Coste, et inaugurée par Louis XIII, d'où le nom de porte Saint-Louis en l'honneur du roi régnant et en souvenir du vainqueur de Taillebourg.

[1] *Journal politique et littéraire de Saintes;* 1re année, nº 12, p. 2, 17 mai 1812.

[2] Voir pour les vicissitudes subies par les droits de fief et d'aides accordés à l'échevinage de Saintes, Massiou, *Histoire de la Saintonge*, t. V, p. 531.

On lit dans Pierre Vieuille, *Nouveau Traité des Élections*, p. 153 :

« La Ville de Xaintes est aussi l'une des plus anciennes Villes du royaume. Il y en a qui prétendent qu'elle est une des Colonies des Troyens, fondée par Antenor après le Siége de Troyes, dénommée Xaintes, du nom du fleuve de Xante, qui passoit sous ses murailles; elle s'appelait autrefois *Mediolanum-Santonum* ; on le trouve dans les Commentaires de Cezar, Strabon, Ptolomée, Tacite, lib. VI et dans ses Annales. Les rois Philippe de Valois en 1338, Louis XI en 1470 et Charles VIII en 1492, font mention dans leurs lettres patentes, qui sont au Corps de Ville, que Xaintes est la plus ancienne Ville des Pays de Poitou, d'Angoulême, Périgord et Guyenne, la Capitale, la clef et le chef desdits Pays assis sur la riviere de Charante.

Tabourin, à un point de vue plus spécial, a raconté aussi cette entrée de Louis XIII. Son récit plus circonstancié sous certains rapports complète celui du scribe officiel.

« Et ce dernier jour d'octobre mil six cens vingt, vigille de la feste de Toussaint, revenant Sa Majesté de Béarn et de Navarrin, là où il avoit esté partant de ceste ville pour remettre les ecclésiastiques en leurs biens et restablir le divin service, et y faire célébrer la messe qu'il y avoit cinquante ans qu'elle n'y avoit été dicte, jour par jour, qu'elle y fut remize par Sa Majesté en un temps de jubillé. Et arrivant dans cette ville, s'en fut descendre à l'evesché, là où il avait logé la première fois, quand il fit son entrée dans la dicte ville de Xainctes. Et il n'entra point, premier que d'entrer dans son logis, dans l'églize à cause du mauvais temps de pluye qu'il fit le jour qu'il arriva en la dite ville. Et fust après avoir digné à vespres qu'il fit dire par ses chantres, à l'issue des vespres du cœur d'icelle église. Puis se retira à son logis de l'evesché. Et le lendemain, jour et fête de la Toussaints, après la messe du cœur, que l'on avança d'une heure, ditte, Sa Majesté fit dire un aultre grande messe par ses chantres, que célébra monsieur de Xainctes, qui avoit dit vespres le jour précédent, vigille de la Toussaints. Après laquelle dite, il toucha les malades des écrouelles, là où il fut près de deux heures à les toucher, à cauze de la cantité des malades qu'il y avoit tant estrangiers que de ceux du pays de Xaintonge. Et fit donner l'aumosne à chascun malade cinq solz. Et à l'après digné, y eut sermon que fit le père Arnoul, son prédicateur, jésuite [1]. Puis après le sermon les vespres du roi se dirent avec

Ils y parlent de sa fidélité pendant que les Anglais tenoient la Guyenne, que ses Habitants avoient Corps, college et Communauté, Maire, Pairs et Echevins, Police, Gouvernement et gardes des clefs; le Maire ayant la totale correction et premiere connoissance de justice sur tous les Habitants de la Ville et Faubourgs, exempts de ban et arriere-ban, sujets à la guerre pas plus loin qu'ils ne puissent revenir dans la Ville le jour qu'ils en partiront. Ces privilèges ont été confirmez par les Rois François Ier en 1517, Henri II en 1547, Charles IX en 1561, Henri III en 1576 et 1584, et autres depuis; mais dans la suite, restraints par la création du Lieutenant de Police, auquel la Police et la Justice ont été attribuées. »

[1] Jean Arnoux, — Arnulphus, *Arnos* chez quelques écrivains, — né à Riom en Auvergne, entré dans la compagnie de Jésus en 1592 à 17 ans, professeur d'humanités, de philosophie, de théologie, prédicateur ordinaire du roi, provincial de Toulouse, mort dans cette ville en 1636, succéda en 1617, comme confesseur de Louis XIII, au P. Coton, et fut remplacé par le P. Coussin pour n'avoir pas voulu révéler la confession du duc de Luynes, dit Tallemant des Réaux, *Hist.* II, 4, *Le card. de Richelieu.* C'est lui qui prépara à la mort le duc de Montmorency, supplicié à

vespres des morts par ses chantres, qui se dirent avant vespres du cœur, auxquelles vespres le roy assista non pas à celles du cœur mais à celles que ses chantres dirent [1]. »

François Tabourin, homme d'église et un peu prolixe, s'occupe beaucoup des cérémonies religieuses. Ne lui en voulons pas. Je ne relève point tout ce qu'il dit des différents offices. Mais je note en passant le toucher des écrouelles. On sait que cet usage est fort ancien. J'ai eu besoin de le trouver ici pour le croire aussi nouveau. Guibert, abbé de Nogent, dit l'*Encyclopédie*, raconte de Louis-le-Gros qu'il touchait les écrouelles, ainsi que son père Philippe Ier qui perdit pour quelque crime le privilége de les guérir. Raoul de Presles le mentionne de Charles V. Étienne de Conti, religieux de Corbie, vivant en 1400, raconte que Charles VI, après avoir entendu la messe, se faisait apporter un vase d'eau, disait ses prières devant l'autel et de la main droite touchait la partie atteinte, puis la lavait dans cette eau. Les malades, pendant neuf jours de jeûne, portaient de cette eau. Les ambassadeurs de Charles VII vantent au pape Pie VII leur maître qui guérit chaque jour les écrouelles. On sait que son fils, Louis XI, eut la visite un peu intéressée de saint François de Paule, affligé de ce mal. Mathieu Paris raconte que la bénédiction usitée en cette occasion fut introduite par saint Louis. On croit que le roi Robert eut le premier le privilége de guérir les scrofules. (Voir *Encyclopédie*, art. ÉCROUELLES.)

Une note d'un échevin d'Angoulême nous apprend que François Ier à Cognac, en 1526, se livra à cet exercice. Notre roi Louis XIII à Bordeaux, le 1er novembre 1615, dans l'église Saint-André, avait imposé les mains à quinze cents malades, et plus tard, le 30 mai 1621, à Chizay [2], le jour de la Pentecôte, à quatorze

Toulouse, le 30 octobre 1632. Il est auteur de quelques ouvrages de polémique contre les protestants dont on trouvera la liste, p. 289, t. I, de la *Bibliothèque des écrivains de la Compagnie de Jésus*. Tallemant, t. III, p, 490, *Du Moustier*, raconte que Daniel du Moustier, « peintre en crayons de diverses couleurs », amateur de livres et grand ennemi des Jésuites, avait écrit sur un rayon *Tablette des sots*. Le père Arnoux lui ayant demandé quels étaient ces sots : « Cherchez, cherchez, dit-il, vous vous y trouverez. »

[1] Manuscrit du chanoine François Tabourin, p. 296 et suivantes. — Ce manuscrit, fort curieux et très-important, a péri dans l'incendie de la Bibliothèque de Saintes.

[2] Le Roy demeura à Chisay tout le jour et le lendemain pour y faire la feste de la Pentecoste, et y toucher les malades, exhorta tout le monde par son exemple de se mettre en estat de grâce, avant que d'aller à un siége qui serait périlleux,

cents, selon le *Mercure*. Il n'est pas étonnant qu'il ait de nouveau usé de son pouvoir à Saintes en 1620. Louis XIV le fera de nouveau en 1660. Le nombre des scrofuleux devait être considérable, puisque Louis XIII y passa deux heures. Il est vrai qu'ils n'étaient pas tous de la ville. Mais aussi tous les malades n'allaient pas s'avouer scrofuleux. Les cinq sous furent peut-être aussi pour quelque chose dans cette affluence. Le chroniqueur a pourtant oublié un point important. C'est le chiffre des guérisons.

Pendant le siége de Saint-Jean, 1621, Louis XIII alla à Brizambourg le 12 juin, et le 28 à Aulnay[1]. Il est à croire qu'il se rendit à Saintes : car, le 12 août de cette année, je le trouve parrain de Louis de Pernes, fils du gouverneur.

En 1622, nouveau passage du roi. Il revenait de l'expédition contre l'ile de Riez, 15 avril, et se rendait au siége de Royan (5-11 mai). Il n'y eut point de grandes fêtes. Il était à la tête de son armée. Ce n'était pas le moment de faire des cérémonies ou de palper les malades. « De Niort, Sa Majesté, dit le *Mercure françois*, — t. VIII, p. 578, année 1622, — fut à Xainctes, où, sur quelques advis qui lui furent donnez que les ennemis avoient des intelli-

pour le grand nombre d'hommes et canon qu'il y avoit dans la ville; que nonobstant cela, il espéroit que Dieu favoriseroit l'innocence de ses armes, puisqu'elles deffendoient les loix de la Monarchie contre les criminels desseins de quelques nouveaux républiquains assemblez dans La Rochelle depuis sept mois, lesquels vouloient pervertir l'ordre du royaume pour établir un gouvernement populaire. Le dimanche 30, le roy communia avec tant de dévotion qu'il en donna à ceux qui s'y trouvèrent : il toucha quatorze cents malades dans un pré : on lui voulait faire mettre un parasol à cause de l'ardeur du soleil, et qu'il avait la teste nue, ce qu'il ne voulut pas permettre, et acheva ce grand travail sans estre couvert, tant il est plein de charité vers ces pauvres malades. *Mercure François*, t. VII, p. 512. Héroard dit, t. II, p. 259 : « Le 30, dimanche. - Il touche des malades et loge au château de la Thibaudière, au bourg de Chizay, se confesse, va à l'église et touche les malades, revient ensuite dîner. — Le 31, il dîne d'un demi pain de munition sans boire chez M. de Lesdiguières, à Saint-Julien. »

[1] « Le roy partit sur le soir (samedi 12 juin 1621) pour aller veoir la royne qui estoit à Brizambourg, distant de trois lieues de Saint-Jean. La royne mère estoit aussi au chasteau de Matha, de pareille distance que Brisambourg, où elle demeura jusques à la fin du siége. » *Mercure françois*, VII, p. 541. — « Le 3 juin 1621 jeudi. A deux heures, il va à Aulnay voir la reine... Le 12 samedi. Il va voir la reine logée à Brisambourg, soupe chez le connétable; couche avec la reine de dix heures à huit heures moins un quart. — Le 18. Au conseil il pardonne aux prisonniers Rochellois. — Le 19, étant à Vervaux, loge à Saint-Julien. Sa mère logée à Matha le vient visiter. — Le 28, il va à Brisambourg; à neuf heures, il va chez la reine; ne pouvant dormir, ils jouent aux cartes. Le 6 juillet, il part de Coignac pour aller à Barbezieux.... » *Journal d'Héroard*, t. II, p. 258.

genees dans Taillebourg sur Charente, ville et chasteau appartenant à M. de la Trémouille, fort bien munitionnez de canons, de pouldres et armes, y envoya M. du Hallier, capitaine des gardes du corps, qui s'asseura de la place, et fit faire inventaire de ce qu'il y trouva d'armes et de munitions.

« Le duc d'Espernon partit au mesme temps de Xainctes avec quatre mille hommes et alla, par le commandement du roy, investir Royan, ville maritime à l'embouchure de la Garonne, qui servoit grandement aux Rochelois pour en tirer des vivres et raffraichissements. Le baron de S. Seurin commandoit dans cette place avec une forte garnison, laquelle durant l'hiver avoit grandement travaillé la Xaintonge et couru jusques aux portes de Xaintes. Les Rochelois se vantoient qu'il y auroit pour six mois de siége devant Royan, à cause de la forteresse de cette petite ville, laquelle est enceinte de doubles fossez taillez dans le roc, le vieil fossé estant de quarante pieds de large et profond de vingt, et le nouveau de trente pieds de large et profond de douze, battu du flot de la mer de deux costez; son port n'estant pas des meilleurs, est deffendu d'un chasteau qui appartient au marquis de Royan de la maison de la Trimouille. A la mode de toutes les places tenues par les réformez, outre les anciennes murailles et fortifications, elle avoit aussi esté nouvellement fortifiée de bastions, de guérites, de redoutes et de demies lunes. Le duc d'Espernon ayant fait loger les régiments de Champagne et de Burie dans le faux bourg qui est le long de la mer, du costé du chasteau, fit sommer le dict sieur de Saint-Seurin[1] de rendre la place au roy, et l'invita à lui pouvoir parler, et de conférer avec luy des moyens de destourner la guerre de la Xainctonge. Sous un sauf-conduit S. Seurin sortit avec quelques-uns des siens pour luy aller parler. De quoy les capitaines de la garnison estans entrez en deffiance se rendirent les maistres dans Royan,

[1] Henri de la Motte-Fouqué, fils de Charles, seigneur de Saint-Seurin et de Tonnay-Boutonne, naquit au château de Saint-Seurin d'Uzet, et fut nommé gouverneur de Royan par Soubise, fit avec lui et Favas en 1621 la conquête de l'île d'Oleron; et, le 12 décembre, secondé par Soubise, enleva Royan à La Chesnaye qui s'était rangé du parti du roi. Durant tout l'hiver, il harcela les catholiques jusques aux portes de Saintes. En avril 1622, battu à Saint-Vivien, il rentra dans Royan, puis ayant appris que son frère, son cousin, son beau-frère, Jean Bretinauld de Plassay, avaient été faits prisonniers, il se laissa séduire aux promesses du roi. Pendant son entrevue avec d'Epernon, Favas et les commissaires de La Rochelle, s'emparèrent de la ville. Louis XIII dut l'assiéger.

tuèrent et arrêtèrent prisonniers tous ceux qu'ils pensèrent estre alliez à Sainct-Seurin et s'emparèrent de ses biens, de son esquipage, de celuy de ceux qui estoient sortis de Royan avec luy.

« Le roy ayant eu advis que la voye de l'accommodement n'avoit peu réussir, et qu'il n'y avoit point d'autre moyen pour avoir Royan que celuy de la force, il s'y achemina de Xainctes, là où, au lieu de six mois que se vantoient les assiegez d'arrester Sa Majesté devant cette place, elle ne fut que six jours à les contraindre de se rendre. »

Tabourin est aussi fort bref, moins encore que les registres municipaux qui en font à peine mention. Il n'y a qu'un ordre donné, le 20 avril, aux habitants de prendre les armes, aux capitaines des paroisses de les ranger sur le passage de Sa Majesté.

« Le XXIXe jour d'avril 1622, le roy Louys arriva en cette ville de Xaintes avec son armée pour aller à Royan contre les rebelles qu'avoit assiégés M. d'Espernon. Lesquels en outre s'estoyent rendus, mais ils trompèrent Sa Majesté et tuèrent le lieutenant de M. de Saint-Seurin qui commandait dans la ville de Royan, qui la vouloit mettre en l'obéissance du roy ; mais M. de Goular [1], qui s'estoit jeté dans la ville de Royan, fit faire la révolte, et le roy partit de cette ville pour aller à Royan le troisième de may, jour de Sainte-Croix, avec son armée. »

Il coucha à Saujon, distant de Saintes de 20 kilomètres et arriva le lendemain devant Royan. Le 16, il alla coucher à Mortagne, le 17 à Mirambeau et le 18 à Montlieu.

Héroard ajoute, p. 274, ce détail sur son passage à Saintes : « Le 28, jeudi 1622, il part de Chizay volant par le chemin, arrive à cheval à Saint-Jean-d'Angély. En entrant, il baissa son chapeau et détourna sa vue des ruines des murailles entièrement rasées. Aussitôt qu'il fut entré, il haussa son chapeau et regardait librement partout. — Le 1er mai, dimanche, à Saintes. — Il va à vêpres et à trois heures et demie donne audience aux Suisses de Berne et de Zurich. »

Il signa aussi, le 2 mai, des lettres patentes par lesquelles il accorde à Denis Huon, maire et échevin, lieutenant en l'Election, « en considération des bons et agréables services que le dit Huon

[1] Goulard, probablement un des commissaires de l'assemblée de La Rochelle ; de la famille des Goulard du Poitou.

luy avait rendus, et à nos prédécesseurs rois tant en la dite charge qu'autres occasions, même en qualité de maire et eschevin de la ditte ville de Xainctes, dont il s'estoit dignement acquitté, » la faculté, après s'être démis de cet office, « d'en continuer l'exercice, en prendre la qualité, et jouir des honneurs, autorités, rangs, séance hors et dedans le siége de la dite élection. »

Anne d'Autriche vint à Saintes en 1621 pendant le siége de Saint-Jean. Le chroniqueur ne dit que ces mots : « On fit de mesme à la Royne, qui arriva en cette ville, le 4 juin 1621. Toutefoix, M. Brigard fut député du chapitre pour faire la harangue. M. Michel Raoul évesque voulut l'empêcher et ne put, et commença *Te Deum*; personne ne répondit [1]. »

Eh bien! au milieu de ces vivats, de ces feux de joie, de cette liesse, l'esprit gaulois ne laissait pas perdre ses droits. S'ils dépensaient leurs deniers, nos bons aïeux voulaient en avoir pour leur argent. Certes, ils s'amusaient de tout cœur, et de tout cœur obéissaient à leur roi. Cela les empêchait-il de rire un peu en dessous? Nous sommes en France, pays de la chanson. Les Gaulois portaient une alouette pour enseigne, l'oiseau matinal, vif et gai. Donc après s'être enroués à crier : Vive le roi! ils fredonnaient quelques couplets satiriques. L'humeur frondeuse fait partie du caractère national. Le peuple a toujours aimé à chansonner les grands, noblesse ou clergé, moines ou rois.

J'ai trouvé de longs couplets manuscrits sur le retour de Bordeaux. Après les pompes de la vaste et riche cité, après les hosanna de la cathédrale, après les orgues majestueuses, les tambours retentissants, voici la musette au son criard, le flageolet à la voix aigre. C'est l'accompagnement grotesque. D'où vient ce pasquil? je l'ignore. C'est quelque quasi-poète de la cour, qui s'est voulu divertir des ennuis du voyage et de ces fêtes. Il est du cortége royal. Voici le début. La rime n'est pas toujours riche ni toujours présente.

Après deux mois de demeure,
Sommes partis, à bonne heure,
De la ville de Bourdeaux,
Où pour passer vingt mille hommes
Nous n'avions que vingt bâteaux.

[1] *Journal politique et littéraire de Saintes*, n° 14, 1re année, 31 mai 1810.

Nous criions sur le rivage :
« Batelier, prends mon bagage ! »
Tant, qu'il nous en vint la toux,
Et nous regardait le peuple
Ayant grand pitié de nous.
. . . .

Lors chacun court en carosse
Plus gayement qu'à la nopce,
Hormis ceulx qui ont laissé
Dans Bourdeaux quelques maîtresses
Dont ils ont le cœur blessé.

Enfin trouvame Aubeterre
Plus triste que Sauveterre.
Nous fusmes bien empeschez
De trouver assez de prestres
Pour confesser nos peschez.

Trop rude fut cette traitte
Pour la veille de la feste
Qu'on célèbre à la minuit,
Où le soleil de justice
Pour tous fidelles reluit :

C'est la première partie. La seconde, beaucoup plus longue est intitulée : « Suitte des adventures du voyage de Guyenne, depuis le seiour de Poictiers iusques à celuy de Tours. »

Nous passons quinze journées
En ces terres fortunées
Errants par monts et par vaux
Grand Dieu ! quelque peu d'avoine,
Ou reprenez nos chevaux.

Fiebvres chaudes, pleurésies,
Catarres, hydropisies,
Peu de finance et grands frets
Fesaient retentir de plaintes
Hopitaulx et cabarets.

De la Noue allait trop viste
Pour trouver un mauvais giste
Au bourg de Rochechaletz.
On logea en mesme chambre
Cinq maistres et six valetz.

Trois crocheteurs après boire,
Allaient chantant le grimoire
Se tenants par les costez,
Et renversèrent par terre
Deux pauvres moines crotez.

Au chasteau pour cassolette
On pissa sur la toilette
De la reine qui dormait,
Et c'estoit une Espaignolle
Qui d'en haut se parfumait.

Le lendemain l'on s'avance
Pour gaigner en diligence
La rudesse des chemins;
Mais certes elle surpasse
La créance des humains.

Un carosse de marquize
Versant fit voir la chemise
D'une dame et son calçon ;
Et jurèrent les poëtes
De la mettre en la chanson.

Belles plaines azurées,
Rendez-nous en nos contrées;
Et si plus en ce temps-cy
Vous souffrez pour notre absence,
Ne nous cherchez pas icy.

. . . .

Les uns se levant à peine
Les autres perdant haleine
Tombèrent de froid noircis,
Dont moururent bien soixante,
Sans les amoureux transis.

. . . .

Lassés de mainte advanture,
Combattus de la froidure,
Nous gaignons Chatellerault
Et nous disions l'un à l'autre :
Compagnons, je n'ay point chaud.

Je m'arrête. Aussi bien on voit l'esprit de la chanson. Le refrain répète :

Nous chantons la litanie
En l'honneur de tous les saints,
Afin qu'en notre patrie
Nous puissions retourner sains.

O Mercure de la France,
Despeschez la conférence,
Laissant là tous entregens,
Pour sçauoir de quelle sorte
Nous mourrons bestes et gens.

Adieu Poitiers et Crotelle.
. . . .

A peine avons-nous de vue
Cette vilasse perdue
Qu'un grand vent et furieux,
S'élevant devers la bise,
Nous soufla la neige aux yeux.

Jamais si belles froidures
Pendant les saisons plus dures
N'ont eu les peuples du Nord
Et femmes plus de quatre heures
A deux doigts près de la mort.

Quand verrons-nous à notre aise
Devers le rivage d'Oise
Les beaux champs de Royaulmont,
Et la campagne et la prée
Entre Luzarche et Beaumont.

Cela se termine par une prière à Dieu.

Qu'il nous préserve en nos jours
Des douceurs de la Gascogne
Et des gambades de Tours [1].

Hélas! Dieu préserve aussi les pauvres villes de pareilles visites. Ainsi les fêtés payaient aussi ces joies, et tout n'était pas rose dans le métier de courir de pays en pays pour recevoir des ovations. La route était fatigante, le temps parfois mauvais et les gites souvent insuffisants ou misérables. Ces honnêtes seigneurs, qu'on s'é-

[1] Richer dans son *Mercure françois*, t. IV, IIe partie, p. 26-35, a inséré plusieurs de ses couplets avec des remarques. La première partie, AVANTVRES DV RETOVR DE GVYENNE *à l'imitation de la chanson de Pelerins de Saint-Iacques et se chante sur ce même chant*, a eu deux éditions en 1616, contenant chacune 64 couplets et le refrain; la seconde, SVITE DES ADVENTVRES *du voyage de Guyenne depuis le séjour de Poitiers iusques à Tours*, sans date, n'a que 48 couplets. Eusèbe Castaigne a reproduit, commenté, expliqué ces deux pièces dans le *Trésor des pièces Angoumoisines*, t. Ier, p. 331-377. Notre texte offre quelques variantes.

vertuait à bien traiter, regrettaient, malgré l'accueil empressé, les douceurs de leur manoir, ou les plaisirs de « Paris, la grande ville. » Je les vois, comme le rat du bon Horace, goûtant tout d'une dent dédaigneuse, *dente superbo*. Les feux d'artifice de Saintes n'étaient que fumée. Le vieux vin de Saintonge ne valait certes pas la boisson frelatée qu'ils buvaient avec délices. Et c'était pour eux que les bons bourgeois se saignaient aux quatre veines !

IX.

Nous voici à Louis XIV. Il aime la splendeur, le luxe, la solennité. Saintes se mettra en frais. En 1650, le 26 juillet, il avait bien passé par Angoulême avec Anne d'Autriche; on avait déployé pour lui oriflammes, devises, écussons, harangues, tout l'appareil ordinaire. C'était l'époque de la Fronde. Le roi avait plus besoin d'hommes que de beaux discours. Aussi les habitants, qui à l'envi avaient offert leur maison pour y loger quelqu'un de la cour, lui donnèrent-ils cinquante hommes d'armes. Il avait fallu trois jours de séjour et de négociations. C'était autant de pris sur ses amis [1]. Au retour de ce voyage, il couche à Mirambeau le 16 août, et le 17 à Saintes; le 18, il partit pour la ville de Saint-Jean-d'Angély, qu'il laissa pour aller à Melle où il arriva le 20.

En 1659, le roi, non plus un prince besogneux et fugitif, mais en brillant cavalier qui va chercher sa fiancée, traversa Saintes. Il venait d'avoir à Saint-Jean-d'Angély une courte et dernière entrevue avec Marie Mancini qui s'acheminait vers son triste exil de Brouage. Une lettre de Sanson, avocat au Parlement de Bordeaux, sur les *Noms et ordre des maires et échevins d'Angoulême*, page 141, raconte qu'il y fut salué par le maire d'Angoulême, Samuel Pasquet, sieur de Piégu, conseiller au présidial.

« Le jeudy 14 aoùt 1659, le roy Louis XIV régnant arriva à Xaintes où le reçut M. le marquis de Montausier, gouverneur d'Angoumois et de Xaintonge. Le vendredy 15 aoùt 1659, le roy toucha les malades et partit le samedy pour aller à Bordeaux. M. de

[1] Voir *Entrée de Louis XIV dans la ville d'Angoulême le 25 juillet 1650* par M. Eusèbe Castaigne dans les *Entrées solennelles dans la ville d'Angoulême, depuis François Ier jusqu'à Louis XIV*, apud *Bulletin de la Société archéologique de la Charente*, 2e série, t. Ier, 1856, p. 281.

Piegu, conseiller au présidial, pour lors maire, feust, avec autres députez du corps de ville, saluer le roy et l'asseurer des sincères affections de ses très humbles, très obéïssans et très fidèles subjects et serviteurs les habitans de sa ville d'Engoulême. »

La cérémonie ne se passa pas si vite qu'on a l'air de le dire. D'abord de Labre, avocat général au Parlement de Bordeaux, écrit que ce Parlement envoie une députation. Il faut des logements convenables pour Messieurs de la justice qui font l'honneur à la ville d'y venir voir le roi. De plus, six compagnies des gardes du corps vont arriver. Il faut encore des logements. M. de Montausier, gouverneur de Saintonge et d'Angoumois, s'avance pour recevoir sa Majesté. Grand émoi dans le corps de ville. Le sous-maire, Pierre Bibard, sieur des Combes, conseiller du roi, magistrat au siége présidial, ne sait où en donner la tête. Il appelle son conseil, André Moyne, Pierre Huon, Jean Pichon, Laurent Grégoyreau, Pierre Jehanneau, Dominique Du Bourg, Jean Raymond, Jean Geoffroy, Claude Latache, Cosme Beschet, Arthus de Guyp, sieur du Pas, Sébastien Labbé, Dominique Duplaix, Guillaume Rutin, Hélie Hemery, Jacques Fromy, Abraham Lecourt. Et l'on se distribue les rôles.

Le plus pressé est de pourvoir aux logements : car les gens de guerre sont peu patients. Les capitaines des quartiers sont invités à préparer les billets et aussi les logis. Un ban est battu, appelant à la ville pour y recevoir leurs hôtes tous les habitants qui sont à la campagne. De plus les boulangers et bouchers sont condamnés ce jour là à vendre beaucoup. Si l'appât du gain n'y suffisait pas, on leur enjoint de tenir leur boutique suffisamment pourvue. Mais comme ils pourraient être tentés de spéculer sur l'affluence des affamés, il leur est défendu de vendre plus cher, sauf à se rattraper sur la quantité. Voici l'ordre du jour de la municipalité, le 8 août 1659 :

« De par le Roy.

« Il est enjoint à tous les habitans de la présante ville et faux bourgs de Saintes, de quelque calité et condition qu'ils soyent, de se retirer incessamment en la ditte ville, faux bourg, aux lieus de leurs domicilles, pour y être persistant dans dimanche prochain, heure de dix du matin. Ensemble aux bouchiers et boullangers et autres vandeurs de danrées de tenir leurs boutiques bien, suffizament extraordinairement fournies, avecq deffence à eux de vendre ny débitter les chairs, pains, poissons, et autres danrées a plus haut prix que les derniers réglements de la pollice, le tout à payne de cinquante livres d'amande, et de répondre des événemens qui pourroyent s'en suivre. Et afin que personne n'en ignore, sera la présente ordonnance, lue, publiée et affichée où besoin sera.

« A Xaintes le huitième août mil six cent cinq^te neuf, en l'Hostel de Ville. »

Mais le gouverneur, M. de Montausier arrive aussi et avec sa femme, la célèbre Julie d'Angennes, fille du marquis de Rambouillet et de Catherine de Vivonne-Pisany. Il faut le recevoir. On députe Jehanneau et Geoffroy, échevins, vers M. le chevalier de la Grange, venu de sa part, pour savoir de lui quelle réception il désire lui être faite. Quand Montausier sera là, on lui demandera ce que le roi veut qu'on fasse. Et M. de Sainctot, maître des cérémonies [1], réglera que le maire prononcera sa harangue à l'entrée de la ville en présentant les clefs. Déjà la cité n'est plus libre d'accueillir son hôte auguste à sa façon. Quelques années plus tard, tout sera encore plus minutieusement réglé. La royauté détruit peu à peu l'initiative municipale, et le corps et collége de Saintes ne sera bientôt plus qu'un rouage administratif de M. l'Intendant.

Nouvelle encontre : on s'aperçoit que les ponts ne sont pas solides. « Et pour ce que les ponts de ceste ville menacent d'une proche ruyne, notamment à l'entrée de ceux du faux bourg des Dames, le dit sieur de Latache, l'ung des eschevins de ce corps, sera prié de faire faire les plus pressantes réparations pour assurer les chariots, carrosses et équipages qui passeront sur les dits ponts. » Les fermiers du péage seront requis d'ordonner les travaux nécessaires. Ils reçoivent les profits ; qu'ils subissent les pertes.

Puis il faut des oriflammes, des tapisseries, des flambeaux, de la poudre ; et tout cela coûte. 500 francs sont votés. On priera l'Election d'en autoriser la perception, « vu la pressante nécessité. » Enfin MM. les Ecclésiastiques et autres privilégiés seront exhortés à prendre part aux frais ; puisque la cérémonie a lieu au nom de tous, tous y doivent contribuer.

[1] Nicolas Sainctot, seigneur de Vémars, maître des cérémonies de France, puis introducteur des ambassadeurs. Saint-Simon dans ses *Mémoires*, t. III et XX, en dit pis que pendre.

Les habitants, eux, tiendront les rues propres, et mettront des chandelles à leurs fenêtres, de six maisons en six maisons. L'éclairage en devait pas être brillant. Il y avait une amende de trois livres pour quiconque oublierait son suif patriotique. Enfin on achète « une barrique de bon vin pour en faire présent pour la bouche de Sa Majesté. »

Le tout se passa comme il avait été arrêté. La reine particulièrement témoigna au marquis de Montausier la satisfaction qu'elle éprouvait de cette brillante réception, « que la pauvreté de la Saintonge faisait ressortir par contraste. Le roi prit un grand intérêt au récit du siége de Saintes qu'il se fit raconter par le vainqueur, tout en visitant les fortifications où les ruines et les brèches n'avaient pas encore été réparées. »

Le monarque ravi quitta Saintes, le 16 août, pour aller coucher à Jonzac. Le 17, il était à Blaye.

Après le mariage de Louis XIV avec Marie-Thérèse, célébré le 7 juin 1660 à Saint-Jean-de-Luz par l'évêque de Bayonne, le couple royal, accompagné de la reine mère, se sépara à Blaye, le 28 juin au matin; le 28, le roi couchait à Saint-Fort; le 29, il visitait Brouage, alors chef-lieu d'une amirauté, aujourd'hui enclave de 601 habitants de la commune d'Hiers-Brouage. Le 30, il était à Saint-Jean-d'Angély, où il retrouvait, le 1er juillet, la reine qui venait de Saintes [1].

Marie-Thérèse avait été reçue dans la capitale de la Saintonge, le 29 juin. Ce jour même, le maire Sébastien Labbé, conseiller du roi, magistrat au siége présidial, assemble son conseil en toute hâte, André Moyne, Pierre Huon, Jean Pichon l'aîné, Jean Geoffroy, Laurent Grégoireau, Jean Pichon le jeune, Pierre Johanneau, Guillaume Rutin, Moïse Marchais, Jean Labbé, Cosme Beschet,

[1] Le marquis de Coislin écrit à son beau-père : « Monseigneur le Chancelier, à Paris. — De Bordeaux, 29 juillet 1660. — La cour arriva hyer icy. Elle n'y doict séjourner que deux ou trois jours. Le Roy s'en ira à Brouage et Oleron, et rencontrera les Rennes à Poitiers. Le Parlement de cette ville a eu ordre de salluer les Rennes en robe rouge, ce qui les a un peu mortifiés. Le tremblement de terre qui a esté en tout ce pays a faict bien s'entrebarder des gens. » René Kerviler, *Le chancelier Pierre Séguier*, 1874, p. 640. — Il doit y avoir erreur dans la date de la lettre de Coislin. *L'Itinéraire des Rois de France*, t. I des *Pièces fugitives pour servir à l'histoire de France*, du marquis d'Aubais, indique : 1er mai, Bayonne; 8 mai-9 juin, Saint-Jean-de-Luz; 14 juin, Bayonne; 23, Bordeaux; 27, Blaye; 28, Saint-Fort; 29, Brouage; 30, Saint-Jean-d'Angely; 1er juillet, Saint-Jean; 2, Melle; 4, Poitiers; 20, Vincennes.

Pierre Lebrethon, Dominique Duplaix, Jean Raymond, Joseph Collon. Il raconte qu'il a reçu du lieutenant général des provinces de Saintonge et d'Angoumois, Alexis de Saint-Maure, comte de Jonzac, une lettre, dimanche au soir, par laquelle il fait savoir que le roi étant à Blaye doit prendre la route de Brouage, et la reine se rendre à Saintes. Or la commune opinion est que les reines arriveront aujourd'hui. Vite on enjoint aux habitants de se tenir sous les armes et drapeaux au premier ordre. MM. de Guip, Geoffroy, Rutin et Beschet, échevins, accompagnés d'une douzaine d'habitants choisis par le maire, iront jusques à Pons faire la soumission et la révérence d'usage. On haranguera aussi les reines à la porte de la ville, et on déploiera aussi pour elles toute la magnificence que permet le peu de temps.

X.

C'est tout pour Louis XIV. Mais après lui, son petit-fils, Philippe de France, duc d'Anjou, né le 19 décembre 1683, second fils du dauphin Louis, allait prendre en 1700 possession du trône d'Espagne. Ses frères Charles de France, duc de Berry, né le 31 août 1686, et Louis de France, duc de Bourgogne, né à Versailles le 6 août 1682, l'accompagnaient avec le cortége ordinaire. Quarante ans sont passés. La mairie annuelle est devenue perpétuelle; elle était élective. C'est le roi qui nomme; la noblesse a été définitivement retirée aux échevins, malgré leurs réclamations. La main puissante du monarque, suivant les traditions de Richelieu, a passé sur toutes les têtes. Les plus hautes ont fléchi. Les prérogatives locales ont disparu presque complétement. C'est Versailles qui dirige les opérations de la guerre et fixe la date des batailles. C'est l'intendant qui administre partout. Ce sont les bureaux qui régissent les cités jadis autonomes. Rien n'est plus laissé à la libre disposition des corps constitués, pas même le choix des présents qu'ils veulent offrir à un auguste visiteur. Lisons la lettre qu'écrit en cette occasion l'intendant Michel Begon au collége municipal.

A Rochefort, le 11 de décembre 1700.

« Quoique (votre) ville ne soit pas en état, Monsieur, de faire de grosses deppances, il faut pourtant que dans la place où vous estes vous trouviez des expédiants pour faire celles qui sont indispensables pour rendre au roi d'Espaigne les honneurs qu'on rendrait à la propre personne de S. M. Vous trouverez cy-joint un mémoire qui me paroist être la moindre chose qu'on puisse faire. Ainsi je vous prie de vous attacher à ne rien oublier de ce qui y est contenu, vous assurant que de ma part je feray tout ce quy dépendra de moy pour le bien et l'adventage de vostre ville, et pour faire valloir les marques de zelle qu'elle aura données en cette occazion.

« Je suis de tout cœur, Monsieur, vostre très-humble et très-affectionné serviteur.

« Begon. »

Il y a des formes au moins. Michel Begon, chevalier, seigneur de Murbelin, du Tertre et autres lieux, conseiller d'honneur au parlement de Provence, intendant à Rochefort le 15 septembre 1688, puis à La Rochelle en 1694 [1], était un homme fort remarquable et comme administrateur et comme esprit cultivé. Il a laissé les meilleurs souvenirs dans notre histoire locale. Mais il suivait la route indiquée. Est-ce que quelque chose pouvait être bien qu'il n'avait pas réglée? Son mémoire que je transcris n'est pas seulement curieux par les détails, mais par la tendance à l'absorption générale qu'il révèle!

« Mémoire de ce qui se doit faire à Xaintes pour la reception du Roy d'Espaigne et de Messeigneurs les Princes.

« Ce qu'il y a de plus important est de faire en sorte que les advenues de la ville soient accommodées de manière qu'on y puisse arriver commodément. On a envoyé pour cela des ingénieurs et des voyers sur les lieux; mais comme ils ne se sont appliqués qu'au gros de l'ouvrage, c'est à présent aux maire et échevins de

[1] Né à Blois, le 26 décembre 1638, mort à Rochefort le 14 mars 1710, conseiller, garde des sceaux au présidial de Blois, puis président; trésorier de la marine à Toulon en 1677, commissaire général à Brest en 1680, au Hâvre en 1687, administrateur des îles françaises du Nouveau-Monde en 1682, intendant des galères à Marseille en 1686, intendant de la marine à Rochefort le 15 septembre 1688, intendant de la généralité de La Rochelle en 1694, homme éminent dans l'administration, amateur éclairé de livres, de tableaux, protecteur des savants et hommes de mérite. La Bibliothèque de Saintes, avant l'incendie de 1871, possédait de lui plusieurs ouvrages, portant l'*ex-libris* à ses armes : MICHAELI BEGON ET AMICIS, entre autres une magnifique Byzantine en maroquin rouge. Voir *Michel Begon, intendant de La Rochelle*, 1638-1710, par M. L. de la Morinerie. Paris, 1855.

faire en sorte que, despuis l'entrée des faux bourgs jusqu'à la maison du roi, il n'y ayt ni ordure, ni immondices, et que les carosses y puissent passer commodément. Ils pourront, pour y parvenir, commander tous les pionniers de la ville et des faux bourgs, et obliger les propriétaires des maisons de faire chacuns à leur égard les réparations de ce quy est situé au-devant de leurs maisons; et s'ils ont besoin pour cela des ordonnances de M. le lieutenant général, soit comme juge de police, ou comme mon subdélégué, il les donnera sans difficulté.

« Les deux compagnies des maréchaussées et leurs officiers, et les officiers des eaux et forests iront au devant de Sa Majesté Catholique et de Messeigneurs les Princes jusqu'à trois lieues.

« Les gentilshommes conviendront entre eux du lieu où ils se rendront.

« Les compagnies de cavallerie et de dragons iront à une lieue de la ville; et, s'il y n'y en a point de formées, le maire fera en sorte d'assembler le plus grand nombre qu'il pourra de bourgeois bien montés, qui formeront un escadron.

« Tous ceux qui ont des carrosses et des chaises roullantes seront invités par le maire de les envoyer au devant et les remplir de gens les plus proprement vestus que faire se pourra.

« Il faudra mestre les escussons sur la porte de la ville par laquelle la cour entrera; dans celluy du milieu seront les armoiries de Sa Majesté Catholique, dans celuy de la droite celles de Monseigneur le duc de Bourgogne et dans celuy de la gauche celles de Monseigneur le duc de Berry. Il suffira de les orner de festons de laurier et de lierre et autres arbres verts.

« Il en faudra faire autant à la porte du palais épiscopal où les princes logeront.

« Il faut que la porte de la ville par laquelle on entrera soit ornée et tapissée au dedans comme une belle salle, parce que ce sera là où le carrosse du roy arrestera, et où le maire, à la teste des eschevins et des officiers du corps de ville, vestu de deuil, luy présentera dans un bassin d'argent les clefs de la ville, et le complimentera conjoinctement avecq Messeigneurs les Princes en peu de mots. Il faudra qu'il y ayt un days que quatre eschevins porteront au devant du carosse du Roy, qui ne dessendra pas pour ne pas quitter Messeigneurs les Princes ses frères.

« Il faut faire en sorte que toutes les rues par où la cour passera soient tendues des plus belles tapisseries de la ville, et que le maire et les eschevins se donnent soin d'en faire prêter à ceux qui n'en ont point.

« Il faut que les milices bourgeoises soient sous les armes en haye, depuis l'entrée des faux bourgs jusqu'au pallais épiscopal.

« Il faut qu'ils fassent la garde aux portes de la ville et dans les dehors de la maison du Roy, nuict et jour, tant que la cour sera à Xaintes.

« Lorsque le Roy d'Espaigne et Messeigneurs les ducs de Bourgogne et de Berry seront dessandus de carrosse, le maire les doit complimenter de nouveau, chacun dans leur appartement, et leur offrir les présans de la ville, en leur faisant de grandes excuses sur ce qu'ils ne sont pas plus magnifiques.

« Les présents se peuvent réduire en corbeilles des plus beaux fruicts qui se pourront trouver, en huitres vertes bien choisies, en trouffes, en gibiers de toutes sortes, quy est ce que la province produit digne d'estre offert à d'aussy grands princes, et qui coûtera peu.

« Il faudra prier Monsieur l'Evesque de trouver bon qu'on fasse sonner toutes les cloches de la ville de la même manière qu'on l'a pratiqué à Orléans.

« Il faudra le soir faire des illuminations à toutes les fenêtres et faire en sorte qu'elles durent jusqu'après minuict. »

Ce qui était ordonné fut fait. Dès le 29 novembre, on avait décidé que Duplaix de la Bausannerie, Richard de la Ferlanderie, Pichon de Lagord, et Picquart, échevins, avec dix bourgeois se rendraient à Saint-Jean d'Angély saluer le roi, le premier portant la parole. On leur alloue des frais de voyage. Les habitants prendront les armes, et monteront à cheval tous ceux qui pourront. Ceux qui possèdent des carrosses et des chaises roulantes les enverront sur la route. Les rues seront nettoyées, les maisons tendues, et ceux qui refuseront paieront l'amende. Même on forcera ceux qui ont des tapis à les fournir, dût-on les aller prendre dans leurs maisons. On fabriquera les écussons du roi, et des princes, puis les clefs d'argent de la ville dans un bassin de même métal.

Le 22 décembre, Hasse, maître orfèvre, présente les trois clefs. Il demande 42 livres pour la matière, qu'il reprendra à ce même prix, et 30 livres pour la façon. L'évêque prêtera un bassin. Autant d'économisé. Veuille le ciel que sa Majesté n'emporte pas les clefs qu'on lui présentera! Ce serait 42 livres de plus à solder.

Et le dais? Il faut un dais, mais meilleur que celui de Bordeaux. Or, après la fête, on mit le dais aux enchères. Une fois, deux fois, trois fois, il ne fut pas adjugé. L'abbesse de Saintes promit de le prendre. Au bout de quelque temps, elle se ravisa. Vif désappointement. Enfin le Chapitre l'acheta pour 300 livres.

Sans doute, il est bon d'offrir les clefs. Mais il faut autre chose. Begon l'a dit, un peu à la façon d'Harpagon : « Il fallait que Saintes s'aidât un peu, qu'elle fît quelque effort, qu'elle se saignât pour une occasion comme celle-ci. » On donnera donc du vin, des fruits, des truffes, du gibier et des huîtres. Ce sont, ou plutôt c'étaient les productions de la contrée. Car à présent tout cela est remplacé par l'eau-de-vie. La culture de la vigne, de plus en plus envahissante, est peu favorable au gibier; les truffes ont disparu complétement ; les fruits négligés pour les raisins ne sont presque que des sauvageons. Marennes a encore quelques huîtres, mais si rares que les indigènes qui en veulent goûter les font venir de Paris.

L'argent est rare. Le maire fera les avances. Les privilégiés seront encore invités à apporter leur cotisation, et l'évêque prié de laisser sonner les cloches. On abattra les auvents qui pourraient gêner la procession. Ainsi l'ont arrêté, sous la haute direction de l'intendant, le maire et les échevins, Joseph Renaudet, Duplaix des Tousches, Duplaix de la Ransannerie, Tercinier, Geoffroy du Coudret, Meneau, Huon l'aîné, Thomas Soullard, Ardouin, Guillotin, Huon jeune, Demessat jeune, Pichon de Lagord, Bruslé, procureur du roi, Bauldouyn, Brechon, Paillot, Barrot, Benoist, Richard et Piquart, tous pairs et conseillers de Saintes.

Pendant ce temps, Philippe V et ses deux frères s'acheminaient lentement vers Saintes au milieu des ovations. Nous avons une trace de leur passage à Escoyeux. Le vicaire de la paroisse a écrit sur les registres baptistaires : « Le jeudi, 23e jour de décembre 1700, le roi d'Espagne, auparavant duc d'Anjou, passa, venant de Saint-Jean d'Angély, par le bout du latis de ce dit bourg d'Escoyeux, et dîna devant la porte de l'Escu de France, en son carrosse, où il occupait le derrière, avec monseigneur le duc de Bourgogne, son frère aîné, à sa gauche. Au devant du carrosse, Monseigneur le duc de Berry tenant la droite; les ducs de Bauvillers[1]

[1] Paul, duc de Beauvillers, pair de France, grand d'Espagne, chevalier des ordres du roi et de la Toison d'or, était gouverneur de Philippe V, du duc de Bourgogne et du duc de Berry. Il mourut en 1714, âgé de 66 ans.

et de Noailles[1], à ses costés, sur la gauche. Sa Majesté fit récompenser des pauvres gens qui avaient été ensevelis par la chute d'un mur de jardin, situé vis-à-vis la porte de l'ancienne auberge de Saint-Louis, dans le dit bourg d'Escoyeux. Il fut délivré manuellement à la veuve de Barthélemy Néron, 23 louis d'or de 13 livres pièce, et pareille somme fut délivrée à son gendre; 6 livres quatre louis d'or de même prix à un homme de Sainte-Même, d'où ils étaient tous trois. Un nommé Duret d'Escoyeux eut 8 louis d'or du même poids. Le don du roi montait à 60 livres.

« Rhétoré prêtre vicaire d'Escoyeux[2]. »

Le maire de Saintes[3], plus grand personnage, n'a pas dédaigné pourtant de laisser à la postérité le souvenir de ce fait important. Il a consigné lui-même, rédigé par lui, écrit de sa main, dans les registres des délibérations municipales, le récit de cette mémorable journée qui a marqué sa mairie. Son compte-rendu est assez long, mais les mille petits détails le rendent intéressant :

« Nous Jean-Joseph Renaudet, sieur de la Vie, conselier du Roy, maire perpétuel de la ville et cité de Xaintes, collonel des millices bourgeoises de la ville, fauxbours et banlieue, ayant été précédemment informé que le roy d'Espaignes, Charles second de glorieuse mémoire, avait par son testament institué, pour son successeur en tous ses royaumes et estats, monseigneur le duc

[1] Anne-Jules de Noailles, pair et maréchal de France, chevalier des ordres du roi, mort à Versailles, le 2 octobre 1708, âgé de 59 ans. Il était chargé par Louis XIV d'accompagner le duc d'Anjou jusqu'à la frontière.

[2] Le vicaire d'Escoyeux ne dit pas s'il harangua le roi. C'est au passage à Châtres, sur le chemin d'Etampes, près de Montlhéry, que le curé chanta ce compliment à Philippe V :

Tous les bourgeois de Châtres
Et ceux de Montlhéry
Mènent fort grande joie
En vous voyant ici.
Petit fils de Louis,
Que Dieu vous accompagne,
Et qu'un prince si bon,
Don, don,
Cent ans et par de là
La, la,
Règne dessus l'Espagne.

[3] Jean-Joseph Renaudet, conseiller du roi au présidial, voir page 52, *Délibérations du corps de ville de Saintes*, la liste des maires et échevins de Saintes.

d'Anjou, second fils de Monseigneur Dauphin de France, et que, ce testament ayant été accepté par Louis le Grand, nostre invincible monarque, sa majesté catholique estoit partie de Versailles le 4 du moys de décembre 1700, et devoit arriver en cette ville le 23 accompaigné des Messeigneurs les ducs de Bourgogne et de Berry, ses frères, et suivi des Messeigneurs les ducs de Beauvillers et de Nouailles, et de plusieurs autres seigneurs de la cour, quy devoient tous séjourner en la présente ville, le 24 et le 25. Sa Majesté voulant qu'on eût à rendre au roy d'Espaigne les mêmes honneurs qu'à sa propre personne, pour cet effaict nous aurions faict diverses assemblées à l'hôtel de ville, et pris différentes délibérations sur le registre ordinaire, en conséquence desquelles nous aurions donné les ordres nécessaires pour la réception de Sa Majesté catholique, laquelle a esté faicte de la manière quy suit.

« Le dit jour, 23 décembre 1700, une compagnie d'habitans, au nombre de cent, montée à cheval par mon ordre, est partie dès le matin, commandée par les sieurs Geoffroy, eschevin vétéran, et Goullard, aussi eschevin, son lieutenant, pour aller au-devant du roy d'Espaigne, qu'ils rencontrèrent à deux lieues de cette ville sur le chemin de Saint-Jean d'Angély.

« Les neuf compagnies des millices bourgeoises de la présente ville et faux bourgs ayant esté mises sous les armes par mon ordre, le sieur Bruslé, major, les aurait disposées en haye depuis la tour de Montrible, située au millieu du pont de la présente ville jusques au pallais épiscopal où le logement de Sa Majesté avait été préparé. Et de la tête dudit pont au della de la dite tour on avoit disposé une compagnie de cent jeunes cadets, tous enfants des familles de la ville, vestus très-proprement.

« Toutes les rues par où Sa Majesté catholique et Messeigneurs les princes devoient passer, estoient tendues des plus belles tapisseries, et on avoit le plus richement tapissé les murailles de la tour de Montrible; et sous l'arche qui est à main droite en sortant, on avoit formé une espèce de salle magnifique où le carrosse du roy d'Espaigne devoit s'arrester; et on avoit au dessus enlassé les écussons des armoiries de Sa Majesté catholique et de messeigneurs les ducs des Bourgogne et de Berry, qu'on avoit pareillement fait au dessus de la porte du pallais épiscopal. Dans l'un et l'autre endroit ces escussons estoient ornés de guirlandes et de lauriers.

« Sur les deux à trois heures après midy, nous estant rendus à l'Hôtel-de-Ville au son de la cloche, nous en serions partis ensuite accompagnés de messieurs les eschevins, procureur du roy et autres officiers, pour nous rendre à la tour de Montrible, affin de recepvoir Sa Majesté catholique, faisant porter devant nous le day qui devoit estre présenté; il estoit d'un vellours cramoisy, doublé d'un satin blanc, enrichi d'un galon et d'une crépine d'or. Messieurs Tercinier, Duplaix de la Ransannerie, Demessac et Monreau portoient le dit day.

« Sur les quatre heures après midy, après le passage de plusieurs équipages et d'un nombreux cortége de carrosses, celluy de Sa Majesté catholique a paru, précédé des gardes du corps, l'épée à la main, et de plusieurs trompettes; et ayant esté arresté sous l'arche de ladite tour qui avoit esté préparé à cet effaict, et M. Desgranges, maître des cérémonies, nous ayant présenté à Sa Majesté catholique qui avoit dans son carrosse monseigneur le duc de Bourgogne sur sa gauche, monseigneur le duc de Berry sur le devant, et monseigneur le duc de Beauvillers et de Noailles aux portières, nous avons eu l'honneur, à la teste de plusieurs eschevins, de complimenter Sa Majesté catholique sur son glorieux avénement à la couronne d'Espaigne; et ayant meslé dans notre discours ce que nous cru aussy devoir dire à la gloire de messeigneurs les ducs de Bourgogne et de Berry, Sa Majesté catholique et les augustes princes ont eu la bonté de nous marquer leur contentement. Après quoy, nous avons présenté au roy d'Espaigne dans un bassin d'argent les trois clefs de la ville qui estoient aussy d'argent, que Sa Majesté catholique a prises, et nous les a ensuite rendues; et ayant pareillement reffusé le days qui lui a esté présenté par les dits sieurs eschevins, il l'ont porté à la tête du carosse de Sa Majesté catholique. Nous et les eschevins accompagnions le dit days, et dans cet ordre nous avons précédé le carrosse du Roy d'Espaigne jusqu'aux pallais épiscopal où Sa Majesté est arrivée, ayant traversé les rues tapissées qu'elles estoient, au milieu d'une double haye d'habitans sous les armes, au son de toutes les cloches de la ville et des faubourgs et parmi les cris redoublés de *Vive le roy!* Le carrosse de Sa Majesté catholique estoit suivi de la noblesse de Xaintonge, de la compagnie d'hommes à cheval et les deux compagnies des mareschaussées.

« Peu de temps après l'arrivée de Sa Majesté catholique, nous et les dits eschevins avons été introduits en sa chambre par le dit sieur Desgranges, maître des cérémonies; et nous avons eu l'honneur d'offrir à Sa Majesté les présens de ville qui consistoient en une grande corbeille qui contenoit un millier des plus belles huitres vertes que nous ayons pu trouver, en une autre corbeille où il y avoit quarante perdrix rouges de Perigord, en deux autres remplies des plus belles poires de la province, et en une autre chargée de très-belles truffes, de quoy S. M. C. nous auroit marqué son contentement.

« Ce fait, nous aurions pareillement été conduits par le dit sieur Desgranges chez Messeigneurs les princes, qui ont logé dans la principale maison du Chapitre située dans la rue appelée des Chanoines, vis-à-vis la porte cochère du palais épiscopal et habitée à présent par M. de la Touche, et nous avons aussi fait séparément à ces grands princes de pareils présents de truffes, d'huitres, de perdrix rouges et de fruits; de quoi ils ont aussi paru très-comptants.

« Après quoi, accompagnés des dits échevins, nous nous sommes transportés à la place publique appelée de Saint-Pierre, où nous avons mis le feu au bûcher qui y avoit esté préparé pour le feu de joie, parmy les nouvelles acclamations de *Vive le roy* qui ont esté suivies d'une triple salve de mousquetterie par tous les habitants de la dite ville et fauhourgs, du nombre desquels nous avons fait un détachement de quatre-vingt hommes commandés par deux capitaines et autres officiers, qui ont monté la garde au palais du Roy d'Espagne et posé des sentinelles à celui de Messeigneurs les princes, aux portes de la ville et aux autres lieux nécessaires; et la dite garde a esté relevée les jours suivans.

« Le soir et les nuicts suivantes, pendant le séjour de S. M. C. en la présente ville, toutes les maisons de la dite ville et faubourgs ont esté éclairées par des illuminations qui ont duré bien avant dans la nuict.

« Le lendemain 24, le Roy d'Espagne entendit la messe à la cathédrale. Monsieur l'Évêque de Saintes à la tête de son clergé reçut S. M. C. à l'entrée de l'église et l'harrangua. Après que le Roy d'Espagne fut sorty, Messeigneurs les princes allèrent aussy en la dite église pour y entendre la messe, et furent pareillement harangués par monsieur l'Évêque.

« Après que le Roy d'Espagne fut retourné en son palais et Messeigneurs les princes dans le leur, les officiers du présidial, introduits par le dit sieur Desgranges, rendirent leurs devoirs et complimentèrent S. M. C. et ensuite Messeigneurs les princes, ce qu'eurent aussy l'honneur de faire après eux les officiers de l'Election.

« Et nous, estant accompagné des sieurs eschevins, nous avons eu l'honneur de rendre visite à Messeigneurs les ducs de Beauvillers et de Noailles et à Monsieur Desgranges, maître de cérémonie, auquels et à chacun d'eux nous avons fait, au nom de la ville, des présens du meilleur vin.

« La nuict venant au lendemain jour de Noël, S. M. C. et Messeigneurs les princes ont entendu matines et les trois messes de la nuict en l'église cathédrale; le Roy d'Espagne a communié dans la chapelle du Saint-Sacrement par les mains de l'abbé Turgot, son aumônier, et Messeigneurs les princes ont aussi communié dans la chapelle de Saint-Jean par les mains d'un chapelain de Sa Majesté.

« Le jour de Noël, Messeigneurs les princes sont allés entendre la messe du jour à la dite abbaye hors les murs de Saintes et le Roy d'Espagne, qui l'avait aussi entendue à la cathédrale, y assista après midy au sermon et à vespres chantées par la musique; Messeigneurs les princes entendirent le sermon et assistèrent aux vespres dans l'église des Jésuites.

« Le lendemain 26 décembre, jour de dimanche, après que le Roy d'Espagne et Messeigneurs les princes eurent entendu la messe dans la dite église cathédrale, ils montèrent en carrosse pour aller à Pons, les habitans estoient encore sous les armes; mais comme le chemin des Roches estoit peu praticable, Sa Majesté catholique, Messeigneurs les princes et leur cour descendirent de carrosse vis-à-vis la maison de M. Labbé, conseiller au présidial, et ils la traversèrent et le jardin qui la joint, pour se rendre sur le quay où ils s'embarquèrent avec leur suite sur neuf chaloupes du Roy venues de Rochefort, et sur plusieurs autres bateaux; S. M. C. entra dans sa chaloupe où nous avions fait mettre le dais; et cette petite flotte, commandée par plusieurs capitaines et autres officiers de vaisseaux du Roy, et remorquée par près de cent matelots, monta jusqu'au port de Diconge, où se fit le débarquement et où le Roy d'Espagne, Messeigneurs les princes et les seigneurs qui estoient à leur suite montèrent dans leurs carrosses qui les y attendoient, S. M. C. ayant, pendant son séjour, et à son départ, marqué du contentement de la réception que cette ville lui avoit faite, et à

Messeigneurs ses frères, ayant donné d'ailleurs à plusieurs personnes des témoignages de sa libéralité toute royale et de la satisfaction qu'elle recevoit en particulier des soins qu'avoit pris Monsieur Begon, intendant de cette généralité, et des bons ordres qu'il avoit donnés si à propos pour tout ce qui pouvoit contribuer à la bonne réception et au plaisir de S. M. C. et de sa cour; de quoy, à l'exemple de nos prédécesseurs, nous avons jugé à propos d'insérer sur ce livre la présente relation, afin de conserver à la postérité l'honneur qu'a reçu cette ville en recevant chez elle un si grand Roy et deux si grands princes, et lui assurer la mémoire de ce grand et merveilleux événement par où nous finissons le dix-septième siècle, et qui, devant vraisemblablement affermir la paix de l'Europe, nous promet à l'avenir des siècles heureux et encore plus glorieux que celui qui va s'écouler, sur tout si Dieu veut bien, comme nous l'en prions, conserver et prolonger les jours de notre invincible monarque, le plus juste, le plus religieux et le plus grand de tous les Roys. Fait à Saintes le vingt-sept décembre mil sept cent.

« Renaudet, maire [1]. »

Nous nous en voudrions d'avoir retranché quelque chose à ce naïf récit, à ce témoignage un peu hyperbolique d'enthousiasme.

Un amateur d'histoire locale, que je crois être le comte Pierre de Bremond d'Ars, député aux États généraux de 1789, fort lié avec le rédacteur-fondateur des *Affiches de Saintonge et d'Angoumois*, François-Marie Bourignon, a fait sur l'original de Renaudet et avec des recherches particulières, le compte-rendu de la fête, sous le titre de *Trait historique*. On le lira avec intérêt : car il complète le récit officiel :

« Le 21 décembre 1700, Philippe de France, duc d'Anjou, appelé à la couronne d'Espagne par le testament de Charles II, passa par Saint-Jean d'Angély pour se rendre en Espagne, avec une suite brillante et des plus nombreuses; le Prévot de Saint-Jean et la compagnie des bourgeois, commandée par M. Régnier, furent au-devant de Sa Majesté : on arriva de nuit. M. Cassin, assesseur et premier échevin, fit son compliment à la porte de la ville. Le

[1] Cette relation a été reproduite dans le *Journal politique et littéraire de Saintes*, 1re année nos 24, 28, 29 et 30; 9 août, 6, 13 et 20 septembre 1810, certainement par le comte Pierre de Bremond d'Ars.

roi d'Espagne et les ducs de Bourgogne et de Berry logèrent à l'abbaye des Bénédictins; il tomba de la pluie pendant la nuit et le lendemain.

« Le 23, le Roi partit de cette ville, les chemins étoient en très-mauvais état. Sa Majesté fit donner 100 louis à ceux qui travailloient à les réparer; quelques-uns de ces malheureux avoient été blessés par la chute d'une muraille. Le départ du Roi avoit été annoncé à Saintes dès le matin par le bruit des tambours et des trompettes. Les compagnies de la maréchaussée, à la tête desquelles étoient MM. Berthus, vice-sénéchal, et d'Angibeaud, allèrent au-devant de Sa Majesté qui avoit dîné à Escoyeux; une compagnie de 100 bourgeois à cheval, commandée par M. Geofroi, ancien échevin, et le corps de la noblesse, précédé par M. de Gascq, président et lieutenant de police, se rendirent sur le chemin pour accompagner le Roi. A une demi-lieue de la ville, un escadron de 312 jeunes gens en uniforme attendoit Sa Majesté; ce cortége brillant eut l'honneur de la suivre jusqu'au palais épiscopal. Le roi et les princes entrèrent dans la ville à trois heures et demie. Le pont étoit garni par une double haie de cadets à pieds. Sous l'arc de triomphe (monument précieux de l'antiquité, élevé en l'honneur de Germanicus, fils de Drusus et d'Antonia, sous l'empire de Tibère, l'an de Rome 170 et de Jésus-Christ 17), étoit dressée une tente magnifique, représentant une salle, décorée des armes de S. M. C. et de celles des princes, avec des guirlandes de laurier.

« Le carrosse du roi s'arrêta à cet endroit; M. Renaudet, maire perpétuel de la ville, présenté par M. Desgranges, maître des cérémonies, eut l'honneur de complimenter Sa Majesté et les Princes, et s'en acquitta avec distinction; il lui offrit ensuite les clefs de la ville dans un bassin d'argent; ce prince les refusa, ainsi que le dais qu'on lui avoit préparé; il étoit de velours cramoisi, doublé d'un satin blanc avec un galon et une frange d'or, et porté par quatre échevins, qui marchèrent devant le carrosse, suivis du maire et du corps municipal, au bruit des tambours et des cloches. S. M. C. se rendit au palais épiscopal parmi les acclamations d'une foule immense que son arrivée avoit attirée de toutes parts; elle fut reçue par M. l'Evêque[1]. Deux heures après, le maire eut l'honneur

[1] Guillaume, fils d'Antoine de la Brunetière, seigneur du Plessis-Gesté, en Anjou. Il était depuis seize ans vicaire général du diocèse de Paris lorsqu'il fut appelé au

de lui offrir les présents de la ville qui consistoient en douze corbeilles, dont six étoient remplies des plus beaux fruits, et les autres de truffes; il y en avoit quatre dans lesquelles étoient 100 perdrix rouges du Périgord; le fond des corbeilles étoit garni en satin blanc avec des franges d'or. On avoit ajouté à cela trois grands mannequins d'huîtres vertes. On fit aussi des présens aux princes. On donna au roi d'Espagne une garde de quatre-vingts hommes, on fit allumer un feu de joie, et on ordonna des illuminations. S. M. C. soupa en public. M. Begon, intendant du département de Rochefort, traita la suite de ce prince; il y eut cinq tables formant soixante-quatre couverts. Ce souper fut suivi de la comédie et du bal où toutes les dames de distinction furent invitées. Le 24 et le 25, jour de Noël, séjour du roi à Saintes; le 26, départ; le 27, S. M. C. arriva à Blaye, etc.[1] »

Suivent quelques détails plus particuliers :

« Le 24 décembre 1700, le roi d'Espagne se rendit à l'église cathédrale de Saintes, où il fut reçu par Monseigneur l'Évêque en habits pontificaux; et il y entendit la messe, pendant laquelle on chanta un motet de la composition de M. Rousselet, chanoine. S. M. C. étant rentrée dans ses appartements, M. Desgranges, maître des cérémonies, lui présenta M. de Gasq, président, à la tête de la compagnie; ensuite il introduisit MM. de l'Élection; M. le comte de Gacé, lieutenant général des armées du Roi et gouverneur du pays d'Aunis, assista à cette cérémonie. Le roi et les princes dînèrent en public; sur les trois heures, S. M. C. visita l'abbaye, dont Madame de Lauzun était abbesse[2]; le soir Elle fit collation en particulier, et fut entendre les trois messes de minuit à la cathédrale. Le 25, jour de Noël, le roi d'Espagne entendit la grande messe à Saint-Pierre, et dîna encore en public avec les

siège de Saintes en 1677, à la place de Louis II de Bassompierre, mort à Paris en 1676. Il mourut le 2 mai 1702, « accablé des fatigues d'un jubilé. » Voir Hugues du Tems, *Clergé de France*, t. II, p. 361.

[1] *Affiches des provinces de Saintonge et d'Angoumois*, 1re année, n° 1, 5 janvier 1786, p. 2.

[2] Charlotte de Caumont-Lauzun, fille de Gabriel Nompar, comte de Lauzun, et de Charlotte de Caumont-la-Force, fut nommée abbesse de Saintes, le 31 décembre 1686, en remplacement de Françoise de Foix, morte le 17 octobre précédent. Elle eut pour coadjutrice Bathilde de Gontaut-Biron qui mourut en 1724. Elle se démit en 1725 et fut remplacée par Marie de Durfort de Duras qui mourut en 1754. Voir Hugues du Tems, *Clergé de France*, t. II, p. 385.

princes; après le dîner il assista au sermon du P. Justin, récollet, et soupa en public. Le 26, S. M. C. se rendit à huit heures à la cathédrale où on lui dit la messe; après le dîner qui fut public, le roi et les princes montèrent en voiture; il falloit passer par le faubourg des Roches dont le chemin était très-mauvais; les carrosses s'arrêtèrent devant la maison de M. Labbé, conseiller au présidial; Sa Majesté mit pied à terre et traversa cette maison au milieu d'une double haie d'orangers; de là, Elle se rendit à l'un des bouts du quai, où se trouvoient neuf chaloupes du Roi; elles étoient magnifiquement ornées : il y avoit aussi trente bateaux de la ville avec des banderolles et des flammes de couleur. Le roi d'Espagne et les princes entrèrent dans une de ces chaloupes où le maire et les échevins avoient fait porter le dais de la ville et mis au-dessus l'un des drapeaux de la compagnie des cadets : les seigneurs de la suite remplirent les autres chaloupes : M. de Bellisle Errard eut le commandement de cette flottille, et prit le timon de la chaloupe du roi; elle étoit précédée d'un canot où l'on avoit placé la musique des gardes marines, et commandée par M. Périnet. MM. du Palais de Saint-Mars et du Quesne prirent le commandement des autres chaloupes. Cette flottille, après avoir côtoyé les Roches où s'étoient placées plusieurs compagnies de milice bourgeoise, aborda à Diconche où les carrosses de Sa Majesté s'étoient rendus. Le peuple et les matelots firent retentir les airs des cris réitérés de *Vive le Roi!* Sa Majesté fit faire une distribution de cent louis. On arriva à Pons à une heure; le roi logea au château; le capitaine des chasses du comte de Marsan, présenté par le marquis de Seignelay, fit à Sa Majesté des présens de gibier dont Elle parut satisfaite. Le 27, on partit de Pons à sept heures et demie pour se rendre à Mirambeau; les équipages allèrent au Petit-Niort; et le 28, à Blaye[1]. »

Enfin, pour ne rien oublier, je transcris le passage suivant du « Journal de feu Monseigneur Louis, duc de Bourgogne, père de Louis XV, inséré page 93, t. II, des *Curiosités historiques ou recueil de pièces utiles à l'histoire de France et qui n'ont jamais paru.* — Amsterdam, 1759.

« Le lundi 20, nous partîmes de Lusignan à sept heures : nous dînâmes à Chenay, village qui en est à quatre lieues, et nous arri-

[1] *Affiches des provinces de Saintonge et d'Angoumois*, 1re année, n° 11, 12 janvier 1780, p. 4. Voir aussi Massiou, *Histoire de la Saintonge et de l'Aunis*, t. VI, p. 519.

vâmes à deux heures à Melle, village qui est à sept lieues de Lusignan. Nous couchâmes à Saint-Léger qui est au bas, parce qu'on disait que les carrosses ne pouvaient monter à la ville, qui est sur une montagne ; mais cela ne se trouva pas vrai : car tous les équipages des gens de la cour qui y étaient logés, y montèrent aisément, et nous en fûmes quittes pour avoir cette nuit un très-mauvais gîte, et pour une grande pluye ; car étant partis le matin par une forte gelée et un temps fort clair, il changea tout d'un coup sur le midi, et il plut tout le soir et toute la nuit. Le mardi 21, nous partîmes à sept heures de Saint-Léger de Melle, et nous dînâmes à Aunay, petite ville qui en est à cinq lieues, où il y a une église bâtie par Charlemagne, dont on voit encore la figure sur la porte[1]. Nous allâmes coucher à Saint-Jean d'Angély, ville qui est à trois lieues d'Aunay : nous y arrivâmes à 5 heures et demie. Depuis que nous étions partis d'Amboise, nous voyons de jour en jour croître les lieues, en sorte qu'alors elles étoient presque doubles de celles d'auprès de Paris ; et que, quoique cette journée ne fût que de huit lieues, il y avait plus loin que de Paris à Fontainebleau. La ville de Saint-Jean d'Angély a été fameuse du tems des guerres des Huguenots : elle a soutenu deux siéges, l'un sous Charles IX[2], l'autre sous celui du feu roi[3], qui en fit raser les fortifications, dont on ne voit plus que quelques restes. Elle est située sur la rivière de Boutonne, qui se jette ensuite dans la Charente. Nous logeâmes à une abbaye de Bénédictins[4], où l'on voit encore les restes d'une grande église abattue par les Huguenots et dont celle qui y est présentement n'est pas la moitié.

« Nous y séjournâmes, le mercredi 22, et nous reçûmes les harangues du présidial et de l'élection. La pluye continuelle, qui dura pendant tout ce jour, nous empêcha de sortir.

« Le jeudi 23, nous partîmes à huit heures ; et après avoir dîné à

[1] Je note en passant l'attribution à Charlemagne de la statue équestre aujourd'hui disparue de l'église d'Aulnay. Voir mon mémoire : *Les cavaliers au portail des églises* ; Angers, 1872.

[2] « En 1569, le siége en fut formé par Henry duc d'Anjou, depuis roi de Pologne et enfin de France, sous le nom de Henry III, la ville se rendit un mois après. »

[3] « C'est-à-dire sous Louis XIII en 1621. Cette place fut prise malgré la résistance du seigneur de Soubise qui y commandoit pour les calvinistes. » Voir dans le 1er vol. des *Archives hist. de la Saintonge et de l'Aunis*, p. 183, le *Journal* inédit de ce siége par Daniel Manceau.

[4] « Elle avait été fondée et bâtie par Pépin le Bref, l'un de nos rois, vers l'an 942. »

Escoyeux, village qui en est à deux lieues, nous traversâmes des bois, où les chemins étoient fort mauvais, et nous arrivâmes sur les quatre heures à Saintes, ville capitale de la Saintonge, située sur la Charente à cinq lieues de Saint-Jean d'Angély. Nous vîmes en passant sur le pont une espèce d'arc de triomphe qui a été construit par les Romains. Saint Louis gagna auprès de cette ville une bataille[1] contre les Anglois, qui en porte le nom.

« Le roi d'Espagne y fut reçu avec les mêmes honneurs que dans les autres villes.

« Le vendredi 24, veille de Noël, nous entendîmes la messe dans l'église cathédrale, et nous fûmes harangués par l'évêque qui s'appelle du Plessis de Gesté[2], et a été grand vicaire à Paris. L'après-dînée, nous entendîmes vêpres dans la même église, et le roi d'Espagne alla à l'abbaye, dont Madame de Lausun[3] est abbesse, et qui est de l'autre côté de la Charente. Le soir nous entendîmes les matines, et ensuite les trois messes de minuit dans la cathédrale.

« Le samedi 25, jour de Noël, le roi d'Espagne entendit la grande messe, le sermon et les vêpres à la cathédrale : pour nous, nous allâmes à la grande messe à l'abbaye, et au sermon et vêpres aux Jésuites.

« Le dimanche 26, nous partîmes de Saintes à neuf heures en chaloupe, parce qu'on disoit que les chemins étaient mauvais le long de la rivière. Nous la remontâmes une demi-lieue durant, après quoi nous nous mîmes en carrosse nous allâmes coucher à Pons, à quatre lieues de Saintes, où nous arrivâmes à deux heures. Nous fûmes logés dans le château qui appartient à monsieur le comte[4] de Marsan, et dont la vue est très belle.

[1] « Cette victoire fût remportée le 22 de juillet 1242. »

[2] « Guillaume du Plessis de Gesté, gentilhomme angevin, nommé à l'évêché de Saintes en 1671. Il y mourut au mois de mars 1702, accablé des fatigues d'un jubilé. »

[3] « Le nom de cette dame étoit Charlotte. Elle avoit eu pour père Gabriel Nompar de Caumont-Lausun, et elle mourut au mois d'octobre 1 . Elle étoit sœur d'Antoine Nompar de Caumont, duc de Lausun, capitaine des gardes du corps, et chevalier de l'ordre de la Jarretière, etc. Cet ancien favori de Louis XIV, dont les grandes aventures ont fait tant de bruit, est mort en novembre 172 âgé de près de quatre-vingt-onze ans. Il conserva jusqu'à sa mort toute la vivacité et tous les agréments de son esprit : c'est ce qui fit dire à feue Madame la princesse de Montauban, que, quand elle le rencontroit, elle croyoit toujours voir un des embrions qui se conservent dans l'esprit de vin. »

[4] « N. de Lorraine, comte de Marsan. »

« Le lundi 27, nous partîmes de Pons à 9 heures, et nous arrivâmes à 2 heures à Mirambeau par des chemins affreux. Comme ce village n'étoit pas suffisant pour loger toute la cour, on en envoya la moitié au Petit-Niort, autre assez mauvais village, qui étoit à une petite demi-lieue par delà.

« Le mardi 28, nous partîmes de Mirambeau à sept heures et demie : à une lieue de là, dans un fond fort méchant, des charettes et chariots embourbés causèrent un grand embarras. Un carrosse de Monsieur de Noailles, où étoit M. le comte d'Ayen[1], versa. Comme nous vîmes qu'il nous étoit impossible de passer en carrosse, et que nous étions dans un chemin creux, d'où nous ne pouvions sortir, nous montâmes à cheval; et après avoir fait environ deux lieues, il survint une grosse pluye qui nous conduisit jusqu'à Etoliers, village à quatre lieues de Mirambeau, où nous nous séchâmes et où nous dinâmes : les carrosses rejoignirent pendant le dîner, et nous arrivâmes sur les trois heures et demie à Blaye, qui est à deux ou trois lieues d'Etoliers. »

XI.

Je n'ai plus à citer que quelques entrées moins importantes. En 1739, Louise-Elisabeth de France, fille (14 août 1727) de Louis XV et de Marie Leczinska, mariée en 1729 à Philippe infant d'Espagne, duc de Parme et de Plaisance, passe à Saintes, le 18 septembre, ayant avec elle Marie-Isabelle-Gabrielle de Rohan, femme (15 mars 1713) de Marie-Joseph d'Hostein, pair de France, duc de Tallard, et nommée dame du palais de la reine en 1725, puis gouvernante des enfants de France en survivance de la duchesse de Ventadour, son aïeule, le 4 septembre 1729.

Le registre de l'Echevinage nous servira pour cette solennité. Une délibération du 21 septembre 1739 porte : « Affin que dans la suitte on sache comment on en a usé dans la réception et départ de Madame, on en trace cy dessous la relation. »

[1] « C'est monsieur le maréchal de Noailles d'aujourd'hui, que le roi vient d'envoyer (en avril 1746), à la cour de Madrid en qualité de son plénipotentiaire. Il a succédé à Anne-Jules de Noailles, son père, dans tous ses gouvernements et qualités. Il épousa en 1698, Françoise-Charlotte-Amable d'Aubigné, fille du marquis d'Aubigné, frère de Mme de Maintenon, dont il est veuf depuis la fin de 1739. Il fut fait maréchal en 1734. »

En effet, les officiers municipaux racontent et signent ce qui suit :

« Suivant les ordres donnés par M. l'intendant, les bourgeois ont formé une troupe de cinquante maîtres vêtus d'un uniforme rouge à la tête desquels étaient Messieurs de Fonrémis, conseiller au présidial et premier échevin, et Landreau, avocat.

« La troupe se rendit le 18 de ce mois à la Rouerie, pour attendre la princesse. M. Desgranges ayant été consulté si, à l'abord de la princesse, M. de Fonrémis complimenterait et quelle place prendrait la troupe, il répondit qu'un compliment en route ne serait pas bien placé, que la princesse recevrait le compliment de M. le Maire à la tête des officiers de l'Hôtel-de-Ville en arrivant en ville, et que la troupe devrait marcher à la suite et après la maréchaussée, et dans cet ordre, la princesse étant arrivée, là M. Desgranges fut d'avis que la harangue devait lui être faite à l'entrée du canton de la Grand-Rue; et, en effet, M. Desgranges y présenta M. le Maire et les officiers du corps à Madame, à qui M. le Maire fit une harangue dont elle fut fort satisfaite.

« Ensuite la princesse étant arrivée à l'évêché, M. le Maire fit porter les présents à la tête du corps. Après que les présents furent disposés dans la chambre de la princesse, M. le Maire les luy présenta et luy fit un nouveau discours dont on fut encore bien satisfait; et le corps étant retiré on porta les présents à Madame la duchesse de Talard qui les reçut fort poliment.

« Le lendemain matin, M. le Maire fit porter à M. Desgranges, le présent à luy destiné, et le même jour à M. l'Intendant celuy à luy aussi destiné.

« La princesse ayant séjourné deux jours, les officiers du corps se sont trouvés au dehors de la porte de Saint-Louis à son passage pour luy faire la révérance.

« La troupe de la bourgeoisie, commandée par M. de Fonrémis, s'est trouvée au canton devant le Petit-Saint-Jean, bordant la haye; et lorsque le carrosse de la princesse a abordé, la troupe a pris le devant et est allée border la haie sur le nouveau pont, suivant les ordres donnés par M. Desgranges; et le cortége passé, cette cavalerie fut retirée en ordre jusqu'à la porte de M. de Fonrémis; et ensuite chacun s'est retiré. Le régiment de la ville et faubourg, à l'arrivée de la princesse et à son départ, a bordé la haye; l'on a monté la garde suivant l'usage ordinaire. Signé au registre : Poitevin, maire, Paillot de Beauregard, Garnier, Perreau, Senné, Chateauneuf, Chateauneuf, Mathieu, Métayer, Dégranges, L. Jobet. »

Deux jours après, le 21 septembre, le Conseil s'occupe d'acquitter la note des frais : « La Compagnie assemblée, M. Desgranges, procureur-syndic, a remontré qu'en exécution de la précédente délibération, M. le Maire a eu la bonté de fournir les sommes nécessaires pour les présents faits à Madame l'infante, à Madame la duchesse de Talard, à M. Desgranges, maître des cérémonies; dont mondit sieur le Maire ayant représenté l'état, la dépense s'est trouvée monter à la somme de quatre cent soixante-dix-neuf livres pour le remboursement de laquelle, afin d'obtenir un règlement, il est prié de se pourvoir devant Monseigneur l'intendant au prochain département. »

La somme, on le voit, n'était pas trop élevée, 479 fr. Il est vrai que la solennité n'eut rien d'extraordinaire. Cependant le bruit s'en répandit jusqu'à Tarbes. Antoine de la Roche-Aymon, peu de temps après archevêque de Toulouse, puis de Narbonne, puis de Reims, grand aumônier de la Reine et cardinal, écrivait de Bagnères, le 6 janvier 1740, à l'évêque de Saintes, Léon de Beaumont, qui avait harangué l'Infante :

« Je n'ay point ignoré le nouveau degré de gloire que vous avez acquis au passage de la princesse. Je n'en ay point été surpris, et j'y ay pris plus de part que personne.

« Pour moy, pendant que vous étiez occupé des plaisirs de la cour, je l'étois des visites de mon diocèse.

✝ C. A. év. de Tarbes. »

XII.

Six ans après, c'est le tour de la dauphine Marie-Thérèse, infante d'Espagne, fille du roi Philippe V, morte le 22 juillet 1746. Elle allait à Paris, pour y épouser, le 25 février, Louis, dauphin de France. Elle était accompagnée de sa dame d'honneur, Marie-Angélique Frémyn de Moras, femme de Louis-Antoine de Brancas, duc de Villars, pair de France; de son premier écuyer, Philippe-Charles de la Fare et comte de Lauger, et du maître des cérémonies,

Michel-Ancel des Granges. La princesse passait par où son père avait passé. Les hommes seuls étaient changés.

D'après les ordres du comte de Jonzac, lieutenant général de la province, les bourgeois prennent les armes et forment une troupe de quatre-vingt maîtres, vêtus d'une uniforme rouge. Elle a à sa tête pour capitaine Méthé de Fonrémis, conseiller au présidial; la toge cette fois cédait aux armes, et pour lieutenant Paillot de Beauregard, ci-devant élu. L'escadron part, alerte et joyeux. Mais en chemin, aux Arènes, sur la route de Pons, elle rencontre le comte de Jonzac. Contre temps : la princesse n'arrivera à Pons que dans quatre heures. On revient donc, un peu penaud. A 2 heures, on se remet en selle, et on pique des deux.

A Paban, on trouve le cortége. On salue, l'épée à la main, et on se dirige vers Saintes. M. Desgranges est d'avis que l'Infante ne doit être haranguée que vis-à-vis l'auberge du Petit-Saint-Jean. Le cérémonial l'exige, et il sait son code. Là, Jonzac présente à Marie-Thérèse le maire. André Dohet de Saint-Georges, conseiller du roi, magistrat au siége présidial de Saintes, fait « une harangue dont elle parut satisfaite. » Le régiment de la ville et des faubourgs forme la haie depuis la porte Saint-Louis jusqu'à la maison épiscopale. Les rues sont tapissées. Quand la dauphine fut à l'évêché, le maire fit disposer, dans la salle à manger, les présents de la ville et les lui offrit; puis en compagnie de deux officiers, il alla présenter ceux qui étaient destinés à M. de Brancas, « qui les reçut fort gracieusement; » puis seul à M. le marquis de la Fare, à M. Desgranges, à M. le comte de Jonzac et à M. l'intendant. Ces présents consistent dans une barrique de vin vieux des Borderies, trois douzaines de perdrix rouges, trois milliers d'huîtres, huit banastres (*banne*, corbeille, panier) de fruits, tant poires qu'oranges.

Au départ, le corps de ville se trouva au pont pour faire la révérence à l'auguste visiteuse; la troupe de la bourgeoisie, toujours commandée par de Fonrémis, l'accompagne jusqu'à la Grève, salue et se retire.

Net à payer, 508 livres. Mais aussi les hôtes de la ville avaient été contents. J'estime que ces petits dons en nature n'était pas pour leur être désagréables. Ces places étaient plus honorifiques que lucratives. La dame d'honneur n'avait que 1,200 livres de gages; et, sans les gratifications qui allaient à sept mille livres et deux mille livres pour son habillement, elle n'aurait pu tenir son rang à la cour. Le premier écuyer ne touchait que 1,200 livres; et le maître des cérémonies, qui était sous l'autorité du grand-maître Michel Dreux, marquis de Brezé, fils de Thomas Dreux, seigneur de la Pommeraie, près Saintes, avait 1,500 livres. Le bon vin des Borderies, les huîtres et les bannes de fruits pouvaient les aider dans leurs frais de voyage.

XIII.

Il y a trois choses à voir, disait-on au XVIe siècle, la Fête-Dieu à Angers, les Rogations à Poitiers, la Mairie à la Rochelle. Je voudrais qu'on pût ajouter : Et une entrée de roi à Saintes. Je n'ose toutefois. Cette solennité, on l'a vu, n'avait rien de bien extraordinaire; et toutes les cités pourraient en offrir de semblables. Il y a pourtant des variantes de l'espèce.

C'est d'abord le désarroi, où se trouvent de pauvres conseillers municipaux qui vont avoir l'honneur de voir et de recevoir un monarque. Il faut se reporter au temps; le souverain est quelque chose de sacré. On le respecte et on l'aime. Le latin a raison : *Major e longinquo reverentia.* La foudre qui reste dans le nuage frappe toujours d'étonnement. Quand on l'a fait descendre le long d'un fil et qu'on l'a dirigée à son gré, on lui dit : Tu n'es que l'électricité. Dans nos sociétés démocratiques le pouvoir n'est plus environné de la même vénération. On peut chérir le prince, on discute son origine que nous connaissons et l'on conteste son autorité qu'il tient de nous. Mais alors le roi n'était plus un homme; c'était la royauté. Elle est antique, nécessaire. On ne comprenait pas la France sans le roi; ou plutôt c'est tout un. On servait le roi, nous servons la France. Et c'est si vrai qu'on décerne les mêmes honneurs à Charles IX et à Louis XIII, à la dauphine et à la reine de Navarre que Henri répudia pour un autre motif que ses vertus. Le roi restait pour nos aïeux un peu entre le ciel et la terre, surtout pour nos aïeux des provinces qui n'avaient pas souvent occasion de voir Paris ou Versailles, et qui n'apercevaient les monarques que lorsque celui-ci voulait bien les visiter. Aussi de quelle émotion sont-ils saisis! Le roi vient à Saintes! Il faut lui faire un accueil dont il soit content et dont on se souvienne. La résolution est prise.

Mais l'argent surtout est chose nécessaire. On interroge le receveur des deniers, on scrute la caisse. Elle est vide, ou à peu près. On finit par y trouver 12 livres. Mais on ne s'arrête point. Le maire qui est un homme important, quelque riche marchand, bon bourgeois, gros propriétaire, fera les avances, et l'on s'imposera ; ou bien on assemble, au son de la cloche, les habitants, et on les prie de voter des fonds. Ils votent, tout est fini. Plus tard, il faut l'autorisation de M. l'Intendant. La centralisation se développe. C'est l'intendant qui fixera le chiffre des frais à faire.

Mais on est économe de l'argent des contribuables. Il faut bien fêter le roi, et donner un beau spectacle aux habitants. Au moins que ce soit avec le moins de dépense. On fait des adjudications, une fois, deux fois, trois fois même. De cette façon on diminue d'un tiers la somme. Après tout ce sont les citadins qui en profitent. Ces préparatifs se font à la ville, par des habitants de la ville. On ne mande pas de Paris un entrepreneur qui déploie ses oripeaux fanés, et le prince à peine passé, se hâte d'emballer le tout pour l'aller de nouveau étaler ailleurs. On ne transporte pas les arcs de triomphe. Ils se fabriquent sur les lieux mêmes où on les voit. Les ornements, feuillages et branches, sont empruntés aux arbres de la contrée. Les tapisseries sont prises dans les maisons. Tout est du crû, le vin, les fruits, les lauriers et les vers.

Chacun contribue selon ses facultés. Celui-ci donne son argent, quelquefois un peu malgré lui ; cet autre, son éloquence ; celui-là, sa poésie. On aime les belles harangues ; on se plaît à l'harmonie des périodes. Discours à une lieue de la ville, discours à l'entrée, discours au logis ; discours au roi, discours à la reine, discours aux princes, aux princesses qui l'accompagnent. Sans fausse honte, le maire quelquefois prétexte son âge, et laisse à quelques Démosthènes du barreau l'honneur d'adresser les paroles de bienvenue. Nous n'avons aucun de ces compliments. Mais ils durent être toujours très-beaux : car toujours les visiteurs s'en montrent satisfaits. A la prose se joignent les vers, vers latins, vers français ; quelques-uns nous restent. Il ne faut pas regretter les autres, ni les phrases des orateurs, si elles ressemblaient aux stances des poètes. Et pourtant on a eu soin de prévenir les écarts de la muse.

Le poète est chose légère, disait Platon. S'il allait se livrer à quelque écart rhythmique, à quelque divagation prosodique ! On révisera vos vers, Messieurs. Pégase est un cheval fantasque : il est bon de le tenir en bride. Deux officiers municipaux le surveilleront de près. Çà et là, ils redresseront un pied boiteux, accentueront un éloge faible, enrichiront une rime pauvre. Et les Orphées saintongeais acceptent ces inspecteurs de la pensée! Ainsi à Athènes, des citoyens, pris dans le parterre, au hasard, décidaient entre Sophocle et Euripide.

Les habitants ont leur rôle dans la solennité. Une fête n'est bien complète que si chacun y prend part. Ce sont eux, ne l'oublions pas, qui font la police chez eux et qui gardent leurs remparts. Le maire est capitaine de la ville. Il a le commandement suprême; il a les clefs, donne le mot d'ordre, fait prendre les armes. De capitaine un jour on le fera colonel; mais en avançant en grade il perdra de son autorité. Nous avions un capitaine de la ville; nous n'aurons plus qu'un colonel des milices bourgeoises. Sous ce titre il mettra encore les citoyens en armes. Les paroisses ont chacune leur commandant; elles marchent sous leur enseigne propre. Telle est l'organisation qui nous est révélée. Au premier signal elles sont sur pied. Ceux qui ont un cheval le sellent et le montent. Ils s'habillent en dragons et vont au-devant du prince. Même les carrosses sortent de la remise. On fait parade de tout.

L'occasion est bonne pour songer aux réparations. On s'avise que le pont menace ruine, que les chemins sont défoncés. L'intendant envoie ingénieurs et voyers; le maire mande l'architecte. Les pavés sont redressés et les rues purgées d'immondices. Les bourgeois gagnent au moins cela. C'est le branle-bas du navire. On dormait assez tranquillement dans les ornières de la route et les fondrières des places publiques. Les cahots bercent assez doucement quand on s'y est habitué. Pourtant ce soir-là on s'éveille, et l'on se trouve un peu meurtri, fort mal propre. Mais ce n'est pas sans peine que l'on obtient quelques améliorations. Il faut des arrêtés sévères et des amendes rigoureuses. Les petites vexations s'en mêlent. Les propriétaires de tapisseries sont forcés de prêter leurs tentures. S'ils refusent, on fera des visites domiciliaires. Les auvents qui protègent les maisons seront abattus. Les aubergistes ne pourront vendre plus cher qu'à l'ordinaire.

Enfin, l'on est condamné à l'illumination, mais la peine est minime : une chandelle, toutes les six maisons.

Le poêle et les clefs sont une grave affaire. Il faut des clefs d'argent. On ne peut décemment offrir à Sa Majesté ces énormes trousseaux rouillés. Ne serait-ce pas avoir l'air de se défier d'elle, et de croire, si elles étaient portatives, qu'elle les emporterait? On en façonne d'élégantes. Les orfèvres de l'endroit y mettent tout leur art. Trente livres pour la façon et quarante pour la matière. Ils ne peuvent dire : *Materiem superabat opus*. Au moins ils estiment plus l'argent que le talent. Cela se voit encore. Même, pour soulager la cité besogneuse, ils reprendront les clefs au prix de l'argent. On compte donc bien que le roi ne les gardera pas.

Le dais est d'une vente plus difficile. On y attache une grande importance : étoffes, bâtons, franges, tout est réglé par décision de l'échevinage. Puis quand il a paru à la cérémonie, on n'en sait plus que faire. L'église le prendra. Il a servi au monarque, il servira à Dieu. Ce qui restera, ce sera l'honneur pour ceux qui l'auront porté. Des familles se souviennent encore que tel de leur membre a tenu le poêle à l'entrée de Louis XIII ou de Louis XIV.

En échange de tant d'*Hosannah* et de *Vivat*, de fanfares et de discours, d'illuminations et de poésie, que donnait le roi? Le roi continuera d'accorder sa bienveillance à la cité. Il renouvellera ses priviléges, s'il le peut, et diminuera ses impôts, quand les exigences du budget le permettront. On sait que ces promesses n'engagent à rien. La guerre, quelque fléau, arrêtent toujours le bon vouloir du prince. Mais enfin le monarque faisait ce qu'il pouvait. Pendant deux ou trois heures ne s'astreignait-il pas à toucher des scrofuleux? C'est une besogne assez peu agréable. Si parmi ceux qu'il palpa à Saintes, quelques uns furent guéris, ils le durent bien à cette patience que ne rebutait pas une occupation aussi longue et aussi répugnante.

De son côté, le clergé reçoit le roi très-chrétien. Harangue et *Te Deum*. C'est la même chose qu'aujourd'hui. On y ajoutait alors un surplis, une aumusse, un bonnet carré, une chappe. Quel plus grand honneur lui pouvait on faire que de le reconnaître ainsi membre du Chapitre? Rappelons d'ailleurs que les rois de France ont continué d'être à Rome chanoines de Saint-Jean de Latran. Le trésorier y ajoutait quelque chose de plus substantiel, des miches, du vin et des torches, emblèmes de la vie, de la force et de l'intelligence.

La Municipalité, elle aussi, offrait des présents. D'abord du vin, comme le doyen, de ce bon vin de Saintonge, qui devient d'excellent Cognac ou de non moins excellent Bordeaux, selon qu'il a passé par l'une ou l'autre de ces deux villes; puis des fruits, poires et pommes, raisins et coings, *coudins* comme l'on dit encore ; puis les huitres, puis les truffes. Il y en avait pour le roi, et aussi pour les principaux personnages. Qui sait? On pouvait avoir besoin d'eux. La ville avait parfois des procès. Souvent il s'agissait des priviléges. Les protections ne nuisaient pas plus qu'aujourd'hui, et petits cadeaux entretiennent l'amitié. Le souverain rendait régulièrement les clefs au maire, remettait à son aumônier les habits sacerdotaux. Je n'ai jamais vu qu'il n'ait pas gardé les vivres, même en voyage, et tout monarque qu'on est, on doit manger, et

..... En rendant son peuple heureux
Il faut bien qu'un roi vive.

N'est-il pas sage d'ailleurs de garder une orange pour la soif? La chanson de 1620 nous a appris que par les chemins on n'était pas toujours très à son aise.

Je finis ces remarques, en regrettant de ne pas trouver quelque chose comme la formalité du cordon à la Rochelle. Le maire en entrant en charge jurait sur le livre rouge de conserver la franchise de la cité ; l'évêque, avant de franchir le seuil de la porte, jurait de respecter les priviléges; et le Chapitre lui faisait promettre de ne jamais porter atteinte à ses droits. Rien de semblable pour le roi. Saintes était aussi fière qu'une autre de ses immunités, et elle les revendiqua fièrement plus d'une fois. Mais toujours fidèle au prince, elle n'avait pas eu trop à se plaindre de lui. Elle ne prenait donc pas ces précautions qui parurent un jour injurieuses. Le poète l'avait dit en des vers moins bons que la pensée qu'il voulait exprimer :

Sire, nos cœurs sont en votre puissance ;
Aussi, nous n'en pouvons avoir la jouissance ;
Si vous nous les rendez, nous vous les offrirons.

Angers. Imp. P. Lachèse, Belleuvre et Dolbeau. 1875.

www.ingramcontent.com/pod-product-compliance
Lightning Source LLC
LaVergne TN
LVHW010036230826
846091LV00005B/1727

* 9 7 8 2 0 1 6 1 4 3 9 4 0 *